ここで差がつく

生活困窮者の相談支援

経験を学びに変える「5つの問いかけ」

一般社団法人社会的包摂サポートセンター＝監修
朝比奈ミカ、日置真世＝編著

はじめに

　本書を手に取られた皆さん。この本の相談事例は、とても臨場感にあふれています。
　生活困窮者自立支援に関わる皆さんが読まれたら「あ、こんな相談あったな」と、リアルさに驚かれるかもしれません。
　先日、ある市の生活困窮担当の課長にお会いしました。彼は「先達がいない事業は本当に大変です」と言っていました。「毎日毎日、考えたこともないような相談が舞い込んできます。パンドラの箱を開けてしまった気分です」とも。
　社会的包摂サポートセンターが取り組んでいる24時間365日無料のなんでも電話相談「よりそいホットライン」も、まさに先人のいない事業でした。
　電話に耳を澄ませるなかで、見えてきた人々の生きづらさは、医師として地方自治体の首長として見てきたものとは全く違っていました。新しい形の支援が求められている。社会の変化が速すぎて、支援制度はついて行っていないというのが正直な感想です。
　制度のはざまに落ち込み、自分だけでは相談窓口にたどり着けない人々のために必要な新しい支援は、支援する側自らが発見していくしかない。これがよりそいホットライン5年間の1つの結論です。
　どこかに「専門家」を探すのではなく、困りごとを抱えた相談者そのものに学ぼう

と努めてきました。そこを踏まえて、相談員もコーディネーターも、日々の相談を振り返り、自分自身の中にあるものを見つめ、相互に学び合うことで相談対応を高める研修に取り組んできました。

　その先頭に、編著者の朝比奈ミカさん、日置真世さんが立っています。本書を読んで、一筋縄ではいかない相談に向き合う姿勢に、二人の力量を再確認しました。支援者になれるかどうかは、自分を知ることにあるのだと、あらためて思いました。

　掲載した事例は、よりそいホットラインに関わる私たちの、失敗、立ち直り、発見、分析、などなどのエッセンスの集大成でもあります。全国で先を歩く人のいない現場で相談支援に関わる皆さんに、私たちの体験がお役に立ち、少しでも皆さんの相談支援に寄与することができれば幸いです。

平成28年9月
一般社団法人　社会的包摂サポートセンター
代表理事　熊坂　義裕

目 次

はじめに

第1章　相談を受ける人たちへの5つの問いかけ

プロローグ／3

- 問1　社会(ソーシャル)の現実を知っていますか？　理解していますか？／4
- 問2　ソーシャルな視点や姿勢を養い、鍛えるための努力や工夫をしていますか？／8
- 問3　自分の仕事や組織の社会的な意味や役割を理解していますか？／13
- 問4　仕事のなかで「自己概念を広げる」ための努力や工夫をしていますか？／16
- 問5　自分を社会資源化するためのわきまえ、心構えはありますか？／18

まとめ　―第2章を読む前に―／23

第2章　事例解説(ありがちな支援／なるほどの支援)

事例1　携帯電話のハッキングに悩む一人暮らしの女性 ……………… 33

- 1-1　ありがち支援事例
  どうやら、この相談は私たちの対象ではなさそうだ／34
- 1-2　なるほど支援事例
  もう少し、私たちにできる役割を探ってみよう／35
- コラム1　支援する人が陥りがちな穴
  相談者から「ありがとう」と言われることについて(その1)／46

事例2　夫がギャンブル依存で借金生活
―二人の子どもの教育費が心配な主婦― ……………… 47

- 2-1　ありがち支援事例
  そもそも解決しようという気持ちがあるのだろうか？／48

2-2 なるほど支援事例
　　　　だからこそ相談に来ている／49

　コラム2　支援する人が陥りがちな穴
　　　　相談者から「ありがとう」と言われることについて（その2）／60

事例3　仕事も失い、生きる気力も湧かない
　　　　―母の介護をしながら就活中の独身女性― ……………………………… 61

3-1 ありがち支援事例
　　　　女性相談は専門外。でも、今後のために頑張ってみよう／62

3-2 なるほど支援事例
　　　　相談を通し人は互いに学んだり気づいたり／63

　コラム3　支援する人が陥りがちな穴
　　　　相談者の欠点しかみえなくなっているとき（その1）／74

事例4　どこに相談すればよいのだろう
　　　　―性同一性障がいの子を持つ父親― ………………………………………… 75

4-1 ありがち支援事例
　　　　やっぱり、相談は対象がはっきりしているほうがよい／76

4-2 なるほど支援事例
　　　　水面下に潜んでいた生活困窮―回り道をしたけれど…―／77

　コラム4　支援する人が陥りがちな穴
　　　　相談者の欠点しかみえなくなっているとき（その2）／88

事例5　支援者は「アクマ」がついている人ばかり
　　　　―仕事探しに奮闘中の外国人女性― …………………………………………… 89

5-1 ありがち支援事例
　　　　一番の問題は、本人の理解不足？―本人不在の多職種協働―／90

5-2 なるほど支援事例
　　　　一緒に生活保護の相談に行きませんか？／91

まとめ ……………………………………………………………………………………… 102

第3章 事例検討のすすめ

1 事例検討ここがポイント／111
2 事例検討の進め方／113
3 事例検討アレンジいろいろ／121

第4章 実録！ 実践者たちの振り返り

テーマは「振り返り」／129
実録 振り返り座談会／131
後日談／142
まとめ（振り返り）／144

資　料

フィバ研キット／147

本書の構成および読み方について

本書は次の4章および資料で構成されています。

第1章　相談を受ける人たちへの5つの問いかけ

「5つの問いかけ」を通して、支援者に求められる基本的な姿勢や考え方を解説。本書全般を通した基本的な視座をまとめています。

（編集：朝比奈ミカ）

第2章　事例解説（ありがちな支援／なるほどの支援）

同一の相談ケースに対して、2人の支援員が展開する支援事例をパラレルに掲載。支援に差が出るポイントを浮き彫りにします。

（編集：日置真世）

第3章　事例検討のすすめ

必ずしもうまくいっていない「現場の事例検討」を有意義にするためのコツを紹介しています。

（編集：日置真世）

第4章　実録！　実践者たちの振り返り

著者自らが仲間の相談員とともに、本書のテーマである「振り返り」を行った模様をお伝えします。

（編集：朝比奈ミカ、日置真世）

資　料

フィバ研キット（第4章で活用したツール）を掲載しています。

第2章の構成と読み方

1　第2章は相談事例（事例1〜5）、コラムと「まとめ」で構成されています。
2　事例1〜5の各相談事例では、2人の支援員による架空の支援経過（ありがち支援事例／なるほど支援事例）を対比掲載し、ポイント解説を行っています。
3　ありがち支援事例は、支援の経過に沿った4つの「エピソード」と「お悩み相談」で構成されています。なるほど支援事例は、支援の経過に沿った4つの「エピソード」と「支援者の振り返り」で構成されています。

●相談者の基本情報
相談者が抱える多様で複雑な課題を、家族状況、相談につながった経緯等を踏まえ、簡潔に整理しています。

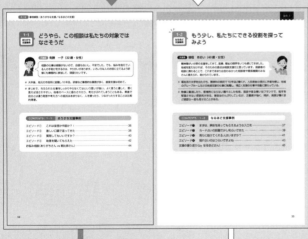

●支援員のプロフィール（ありがちさん／なるほどさん）
2人の支援員のプロフィール（意気込み、経歴、経験・スキル・専門分野、対人傾向等）を対比掲載しています。

●支援のエピソード①(ありがちな支援／なるほどの支援)

ありがちな支援となるほどの支援の初期対応のエピソードを対比掲載しています。支援のミスマッチ構造や、支援を自立につなげるうえで役立つポイント等を解説。

●支援のエピソード②～④(ありがちな支援／なるほどの支援)

ありがちな支援となるほどの支援のその後の経過を、パラレルに追うことで、支援に差が出るポイントが浮き彫りになります。

●お悩み相談／支援の振り返り

ベテラン相談員が、ありがち支援員の悩みに答える設定の「お悩み相談」と、なるほど支援員による「支援の振り返り」を掲載。理解を深める振り返りのコーナーです。

第 1 章

相談を受ける人たちへの
5つの問いかけ

プロローグ

　この原稿を書いた私の職業生活のスタートは、東京都社会福祉協議会です。15年ほど勤めた後に、「中核地域生活支援センター」という千葉県の総合相談事業に関わり、市川圏域を担当する「がじゅまる」のセンター長に就いて12年が経過しました。その後、東日本大震災以降、今の社会のこの状況を何とかしたいという人たちとのつながりのなかで、よりそいホットライン[*1]のお手伝いをするようになりました。

　平成27年4月から生活困窮者自立支援法が施行され、全国の自治体で自立相談支援事業が開始されました。私もがじゅまるの仕事をしながら兼務で、千葉県市川市が設置した「市川市生活サポートセンターそら(so-ra)」の主任相談支援員として業務にあたっています。

　第1章では、私のこれまでの仕事の経験から感じたこと、考えたことを整理して言葉にしてみました(一般社団法人社会的包摂サポートセンターが平成27年11月に開催した「生活困窮者によりそう社会的包摂実務者スキルアップセミナー」での講演をもとにしています)。

　相談支援の現場でどれだけ相談を受けたとしても、どんなに濃密な関わりがあったとしても、それはこの社会に生きるたくさんの人たちの困難さの一端を垣間見ているに過ぎません。それでも、一人ひとりのニーズを丁寧に社会化することが、私たち支援者が「ソーシャルワーカー」として存在する所以であることも私たちは知っています。

　私自身がソーシャルワーカーとして想像し、意識化してきた事柄が、みなさんが日常の業務を振り返る材料となれば幸いです。

[*1] 平成23年10月から、一般社団法人社会的包摂サポートセンターが行っている24時間365日の何でも相談。必要に応じ、面接相談や同行支援も行っている。現在、国の補助事業、「寄り添い型相談支援事業」として実施されている。

> **問1** 社会（ソーシャル）の現実を知っていますか？　理解していますか？

（1）仕事の舞台となる地域社会の状況を理解しているか

　私たちは相談に来る人たちの生活に関わることになりますので、その地域の人々の暮らしの状況や生活を支える社会資源がどうなっているのかということを、ある程度知っておく必要があります。例えば、私は以前に都内で65歳以上の高齢者の無料職業紹介事業の仕事に携わっていましたが、高齢者の職業相談という事業を東京の都心で実施するのと、山村部の仕事が見つけにくい公共交通機関も少ない地域で実施するのとでは、様相が全然違ってきます。

　相談業務の舞台となる地域社会の状況は各地域によって異なりますので、仕事の場である地域社会の特徴や、課題、変化しつつある状況、排除リスクの要因など、そういうことを理解しながら相談を受けていくことが必要になります。困りごとを抱えて相談につながってくるのは地域社会で暮らしている人たちであり、人々の暮らしに生ずる困難は環境と密接に関わっているからです。

　社会資源の情報を把握することも重要です。各分野の政策がどのようになっているのか、介護や子育て、障がいをはじめとする民間の福祉セクターの活動はどの程度、成熟しているのか、制度外の生活支援を担う地域福祉活動や市民活動等はどのように取り組まれているかなどです。私自身のやり方で言うと、隅々まですべてを知っておくということは困難なので、おおよそのところを理解し地域の強みと課題を把握したうえで、新たな動きにはアンテナを立ててキャッチすることを意識化しておくという感じです。市の便利帳やインターネット等で調べればわかる情報は、調べ方さえわかっていればよいと思っています。

　それよりも重要なのは、生の社会資源の情報です。関係機関から具体的な助言を得たいときには誰を頼ればよいのか、困難な事例を一緒に考えてもらうにはどんなアプローチが効果的なのか、そんな情報はとても重要になります。例えば、相談者に発達障がいの疑いがあって診断を受けたいと言われたときに、どこの病院のどの医師にコンタクトをとればよいのか、初診予約はどの程度混雑しているのか、そのレベルの具体的な情報まで必要になる場合もあります。直接の情報を持っていなくても、誰に聞けばそういう情報を得られそうか、それぞれの分野のキーパーソンはどのようなネットワークを持っているのか、そのあたりがと

ても大事な情報になります。

　支援者は、相談者本人だけでなく本人をとりまく環境にも働きかけることを役割としています。課題の解決が困難であるなら協力者を増やしたり、孤立を解消するために本人のまわりに関わりを作っていくことが求められます。地域の社会資源に関する情報は仕事を進めていくための大切な道具となるのです。

（2）問題とともに、背景や構造をとらえて関連性を見つける姿勢を心がけているか

　がじゅまるで対象を限定しない相談事業に携わっていると、複雑困難な事例に出会い、必然的にさまざまな分野の関係者と連携をすることになります。その結果、いろいろなネットワークに私たちが参加したり、参加を要請されることも出てきます。自治体が制度を実施するうえでも、高齢者や子ども、若者、自殺予防、ひきこもり、発達障がいなど、さまざまな分野でそれぞれに連携が叫ばれ、協議会等の会議体が存在しています。

　会議に出てみると、つくづく、分野は違っても話し合われていることの内容は共通していると思います。共通しているのにバラバラにやっているのです。自分たちの固有性を主張す

図表1-1 氷山モデル

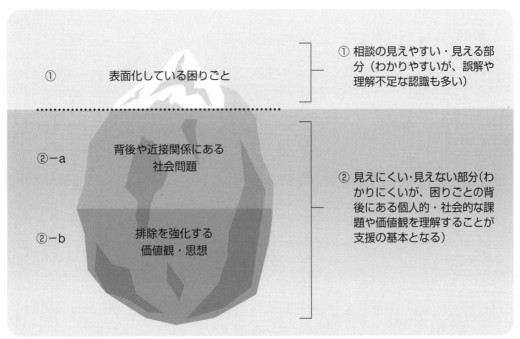

出典：一般社団法人社会的包摂サポートセンター編『相談支援員必携　事例でみる生活困窮者』中央法規出版, 4頁, 2015.

るために、あえて別のものとして会議を設けている場合もあります。でも私は、バラバラのままでこの社会の状況に立ち向かっていけるのか疑問を感じています。ある分野のノウハウが他の分野に十分に使えるのに、つながりがないために相互交流がなされず、ノウハウが共有されていないということもたくさんあります。

　ですから支援者には、目の前に見えている問題の背景や構造をとらえて、関連性を見つける、深層に何があるのかを常に考える姿勢が非常に重要になってきます。自分一人で考えてもまとまりませんから、自分が考えたことを拙くても自分自身の言葉にしていろいろな人たちと議論をする、これを臆さずにやることで課題を共通にし、課題に向かっていく仲間やネットワークを増やしていく、そのような姿勢が求められます。

　私も編集に参加した『相談支援員必携　事例でみる生活困窮者』[*2]では、相談者のニーズの背景にある社会的な課題に目を向け、理解するための「氷山モデル」を提示しています（図表1-1）。それによれば、生活困窮（＝暮らしのなかで困難を抱えてしまう）の悩みや相談には、「①表面化している困りごと」と「②困りごとの背後にある個人的・社会的な課題や価値観」があります。また、②の背景には「②－a 背後や近接関係にある社会問題」と「②－b 排除を強化する価値観・思想」の２つがあります。生活困窮を抱える人たちの悩みに向き合うときには表面化している課題のみに目を向けるのではなく、それを引き起こしている背景の構造にも目を向け、全体像の把握を行い、解決へのアクションをしなければなりません。そのためには、

① 誰がどう困っているのか？　を多角的に考える視点
② 困りごとが生じたプロセスや背景を想像し、確かめ、理解する視点
③ 排除構造を強化するマジョリティの価値観に気づく視点

の３つの視点を大切にしながら、ニーズを持つ当事者の立場に立って支援を進めていくことが求められます。

[*2]　一般社団法人社会的包摂サポートセンター編『相談支援員必携　事例でみる生活困窮者』中央法規出版, 2015.

振り返りチェック

問1 社会(ソーシャル)の現実を知っていますか？ 理解していますか？

鉄則1 仕事の舞台となる地域社会の状況を理解している
- ☐ 特徴、課題、変化、排除リスクの要因等
- ☐ 高齢者、障がい者、児童、若者支援、医療、地域福祉、まちづくり等、各分野の施策や社会資源の状況

鉄則2 問題とともに、背景や構造をとらえて関連性を見つける姿勢を心がけている
- ☐ 常に、関連性を分野横断で考える視点を持つ
- ☐ 考えたことを自分自身の言語にして、さまざまな人たちと論議する

問2 ソーシャルな視点や姿勢を養い、鍛えるための努力や工夫をしていますか？

（1）社会全体の状況に関心を持っているか

　今、地域社会で暮らす人々の生活にはさまざまな問題が立ちはだかっています。先ほどの氷山モデルで考えれば、社会のいろいろな場所で起こっている問題とつながってくるわけです。今、社会と人々の生活に何が起きているのか、遠い場所で起きていることと、自分たちの地域社会とがどうつながっているか。背景や構造を考えるためには、社会全体の状況に関心を持つことが必要になります。

　千葉県のなかでも私が働いている地域は東京に近く、新しい問題が早く現れると言われています。ですから県全体の会議の場で事例研究をしたりすると、1～2年後に、農村部の話題とつながってきたりします。もしかしたら気づいていないだけですでに起きている問題かもしれませんし、ほかの地域社会で起きていることを知れば、自分たちの地域に目を向けて気づくチャンスを作ることができます。

　さらに言えば、世界中のあちこちでたくさんのことが起きています。余所事だと思っていたことが実は余所事ではないかもしれない。私たちが気づけていないだけかもしれないのです。

　社会保障の制度は、すでに社会化されている課題について対応しようと作られてきたものです。予防的なアプローチが重要と言われていますが、事象や問題は必ず先に起きて政策は後からついてきますから、今この瞬間にも新しい課題は生まれているのかもしれないのです。ですから、今、社会で起きていることに関心を持つ、それがとても重要な姿勢になってきます。

（2）相談者との関わりのなかで五感で感じ取ったこと、行動したことを具体的な言語に置き換えることで意識化、社会化しているか

　相談の仕事をしていると、相談者の抱えた問題の深刻さ、複雑さに目を奪われてしまうことが多々あります。そして問題解決を急いでしまうあまり、相談者を置き去りにしてしまって、本人不在のまま支援者が問題解決を進めてしまい、仕事をしたような気になってしまうのです。研修で「本人中心」とか、「本人のいる場所から始める」という理念が繰り返し強調さ

れる所以です。

　支援者は、相談者の問題に関わるのではありません。問題を抱えた相談者自身に関わり、相談者が自らの問題を受け止めて解決しようとするそのプロセスに関わるのです(図表1-2)*3。

図表1-2　相談支援は何をするのか

---

*3　「本人理解に基づく相談支援」については、みずほ情報総研『事例から学ぶ自立相談支援の基本』(厚生労働省平成27年度生活困窮者就労準備支援事業(社会福祉推進事業)「生活困窮者自立支援制度の自立相談支援機関における帳票類の標準化等に関する調査研究」報告書, 2～3頁, 2016.)でも、詳しく述べられている。

そのためには、相談者がどんな人なのか関心を持って理解しようとすることが求められます。では「相談者を理解する」とは、どういうことなのか。「小柄で身なりは整っているが、しきりにため息をついて疲れて見える」といった外見・雰囲気や、「32歳の男性、母子家庭で育ち、高校卒業後ずっと転職せずに1つの会社で働いてきた」といった生活歴も重要な情報ですが、それだけでは不十分です。相談者その人の心情に思いをめぐらせ、その人が自らをどう思っていて周囲をどうとらえているのか、その人の心情になってその人の視線で見たときにその人が生きる世界はどう見えているのか、支援者はそんなことを精一杯やってみるべきです。その人の内部に入り込んで、その人の心と身体を借りて外の世界を見てみたときのことを想像したら、荒涼とした砂漠が広がっていたり、混乱が渦巻いていたり、もしかしたらそんなことに気づけるのかもしれません。支援者が相談者がどんな人なのか関心を持って理解しようとするのは、孤立した状況にあるその人とつながる方法を探り、その人の関わりを広げ、持っている力を引き出し、高めていくこと(エンパワメント)が目的だからです。

　では、具体的にどうするのか。その人を理解するために支援者がとる方法は、次の5つだと思います。

① 面接等によって話を聞く、相手を見る、観察する
② これまでの人生の道筋をたどる
③ とりまく人たちの「語り」を聴く
④ 生活時間や生活行為をともにする
⑤ 「感情」を持った私たちが働きかける

　面接室や電話での言語によるやり取りでわかることはほんの一部です。いわゆる「メラビアンの法則」によれば、人間のコミュニケーションのなかで、言語(言葉の意味)が果たしている役割はほんの一部だとも言われています(図表1-3)[*4]。であるとしたら、残りの大部分は何なのか。目で見たり、気配を感じ取ったり、音を聞いたり、匂いを嗅いだり、場合によっては触ったりということもあります。握手をしたときの手の冷たさとか、汗をかいていた様子とか、私たちは無意識のうちにそういうところから情報を仕入れているので、そうした情報を意識化して取り上げていくことが必要です。

　相談支援は困りごとを抱えた状態のその人と出会うところから始まりますが、その人のこれまでの人生においては、問題にぶつかっても何らかの方法で解決し日常生活に大きな支障

[*4] アメリカの心理学者のアルバート・メラビアンが、人が「視覚」「聴覚」「言語」で矛盾した情報が与えられたときに、どの情報を重要視するかを実験した結果による。

図表1-3 バーバルコミュニケーションとノンバーバルコミュニケーション（メラビアンの法則）

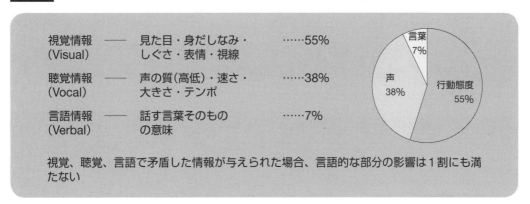

視覚情報（Visual） ── 見た目・身だしなみ・しぐさ・表情・視線 ……55%
聴覚情報（Vocal） ── 声の質（高低）・速さ・大きさ・テンポ ……38%
言語情報（Verbal） ── 話す言葉そのものの意味 ……7%

視覚、聴覚、言語で矛盾した情報が与えられた場合、言語的な部分の影響は1割にも満たない

をきたすことなく過ごしてきた時期もあります。これまでの成育歴、生活歴を聞くと、力を発揮していた時期、孤立せずに周囲とつながっていた時期を知ったり、なかには現在よりさらに過酷な状況があったことなどを知ることができます。本人を取りまく周囲の人間関係とつながり、本人と関わりのある人たちの話に耳を傾けることで、相談支援の関係ではみることのできない本人の日常の顔を知ったり、人となりを理解できます。

　面接室を出て横に並んで駅までの道を歩いたり、役所の窓口で手続きをするのに付き添ったり、買い物や掃除を手伝ったりなど、日常生活の時間や行為をともにすることで、面接室で向き合って話をした時とは異なる表情や話が引き出されたりします。場面の設定によって話す内容が変わってきたりします。面接を終えて途中までお送りしましょうと一緒に歩き出した時に、面接で向き合って話をしていた時には出てこなかった話が、同じ方角を見て歩き出すことで聞けたりします。場面を変えてみる、一緒に関わってみるとかでわかることもたくさんあるのです。手続きや買い物、掃除等の生活行為に関わることは、その人の生活能力の程度、状況を知ることにもなります。

　さらには、困りごとを抱えたその人と受け止める側の支援者自身とのやり取り、感情の交流のなかで、さまざまな反応が引き出されます。「ほっとした」「心強い」「肩の荷を下ろせた」など、ポジティブな反応もありますが、なかには「腹が立った」「混乱した」「傷ついた」などのネガティブな反応もあるでしょう。対応の良し悪しを取り沙汰することも必要ですが、その人がどんなことにどんな反応を示すのかを知るための貴重な情報であるという点も忘れてはなりません。私たち自身が道具で、相手にとっては何かしらの刺激になっていて、私たちがその道具を使って相手に何か刺激を与えることで反応が返ってきます。この繰り返しのなかで、相談者との間に相互理解が深まっていくのです。自分が相談者にとってそのような存

在であることを意識しておくことが必要です。

　こうしたさまざまな方法で収集された情報を総合して、私たちは相談者その人について感じたり考えたりしています。無意識のうちにやっていることも含めて意識化し、取り上げて、言語にし、相談者その人の像を描いてみることが求められます。

　一方で、そんな作業を重ねながらも、「わかったつもり」にならないことも重要です。いくら共感しようと寄り添っても、想像をめぐらせても、他人のことですから、「わかった・理解した」ということはあり得ません。支援者がその人を理解しようとする作業には労力が伴います。人は労力を費やすと無意識に代償を求めたくなり、「わかったつもり」になってしまって労力のかかる作業を止めたくなってしまいます。これは、「所詮はわからないのだから」と最初から匙を投げてしまうのと同じか、もしかしたらそれ以上に問題を大きくしてしまうことになりかねません。「わからないのだから」とあきらめるのではなく、「わかったつもり」になってしまわないように、その中間にとどまっていなければならないのです。

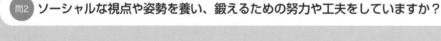

鉄則3　社会全体の状況に関心を持つ
☐ 今、社会と人々の生活に何が起きているのか
☐ 遠い場所で起きていることと自分たちの地域社会とがどうつながっているのか

鉄則4　相談者との関わりのなかで五感で感じ取ったこと、行動したことを具体的な言語に置き換えることで意識化する、社会化する
☐ 感覚、動作、感情、行為　⇔　言語、言論
☐ 自己は社会資源・道具である自覚
☐ 「わかったつもり」にならない

自分の仕事や組織の社会的な意味や役割を理解していますか？

（1）自分と自分の働く組織のことを理解しているか

　支援に関わる活動に対しては公的な資金が支出されていて、その裏づけのもとに給料が支払われています。私たちが日々、従事しているのは公共性の高い仕事なのです。人に優しくしたいとか、励まして支えてあげたいとか、そういう個人的な動機はそれぞれにあるかもしれませんが、支援に関わる仕事に税金が投入されている意味をまずは考える必要があると思います。

① 自分を理解する

　自分のことについて振り返ったり考えたりするのは、あまり気持ちのよいものではありません。なかには振り返って悪びれることはなく晴れ晴れと胸を張っていられるという人もいるかもしれませんが、私はどちらかというと苦手としています。自己嫌悪に陥ることはわかっていますし、忘れてしまいたいことも多くありますから、私は苦手というよりむしろ、自分のことなどあまり考えたくないと思っています。でも私たちは相談に来た人たちに対しては、これまでのことをあれやこれやと聞くことで「あなた自身の課題に気づいてください」と迫っているわけです。だとしたら、自分自身はどうなのか。

　得意、不得意は何か、限界を自覚できるか。自分の得意を語ることは得意でも、不得意なことを適切に語ることが得意な人はあまりいません。不得意を大きすぎず小さすぎずに語るというのは、そうたやすいことではないからです。とくに、限界をよくわかっておくことが必要です。たとえば身長が150cmの私が2mの棚にある物を取ることはどう頑張ってもできません。踏み台を使えば取れますが、それが10kgの重さであればとても難しいと思います。同僚はとても背が高いのですが、彼は低い場所のものは見えにくくて、私のほうがよく見えます。そういうことを客観的な事実として自覚しておくことが必要です。

　それから時々の感情の揺れです。人の生活や人生に関わる仕事なので、相談者から話を聞いたり感情に接したりすることで、自分自身の感情が引き出されたり、揺さぶられたりすることがあります。共感的な態度によって相談者と信頼関係を築いたり、相談者の心情を想像することで理解を深めたりする作業を重ねていくわけですから、自分自身の感情の動きを無

視するわけにはいきません。「感情労働*5」と言われたりもします。感情労働であることを前提として、その時々の自らの感情の所在に気づいておかなければならないのです。とても厄介な話です。

　健康状態を自覚しておくことも重要です。風邪をひいて少し熱があるかもしれない、何かがあってイライラしている、疲れていて集中力が続かないなど…。健康を維持することは社会人として必要な素養だと思いますが、万全でない状態で仕事に臨まざるを得ないことも時にはあるでしょう。重要なのは、そんな状態を自覚して、場合によってはほかの職員と代わる等の決断ができるかどうかなのだと思います。

② 自分の働く組織を理解する

　自分が所属する組織についても同様です。

　それぞれの組織には理念があります。それを覚えるというレベルにとどまらず、自分なりに咀嚼しておかねばなりません。それから自分の組織にも強みと弱みがあります。できていることもあれば課題もあるし、地域のなかで担うべき役割があります。例えば生活困窮者自立支援法の対象は「生活困窮者」ですが、具体的に誰のことを指しているかといえば、誰にもそのリスクはあると思います。でも地域のなかには、例えば障がい者に関わる事業や活動があったり、女性に関わること、子どもに関わること、高齢者に関わること、さまざまにあるのです。そのような状況のなかで生活困窮者の法律ができたわけですから、これまで行われてきたことをあえて重ねてやる必要はありません。その地域で取り組まれてこなかった課題を拾わなくてはいけないのです。そのためには、地域の課題を理解しておく必要があります。

（2）与えられた職務を理解しているか

　それから組織やチームのなかでの自分の役割です。そのチームがどのような役割を目指していて何が課題で、何に取り組まなければならないかということがある程度言語化されてきたときに、それを全部自分一人でやるわけではありませんから、チームのなかで自分が担うべき役割は何かを理解しなければなりません。チームのなかで十分に議論したり、割り振りをしたりする必要があります。単純な業務の割り振りはできても、そのチームがチームとし

---

*5　アメリカの社会学者A.R.ホックシールドにより定義づけられた概念で、「公的に観察可能な表情と身体的表現を作るために行う感情の管理」（A.R.ホックシールド，石川准・室伏亜希訳『管理される心—感情が商品となるとき—』世界思想社，7頁，2000.）という意味で用いられる。

てパフォーマンスを上げていくためには、お互いの得意不得意や持ち味を理解しながら、チーム全体として常に調整をしていかなければなりません。そのためには、チームのなかの上司や同僚に対しても関心を払っておく必要もあります。

　私は現在、チームのリーダーとしての役割を担っていますが、個人的な見解ではチームのメンバーにはいろいろなキャラクターがいたほうがよいと思っています。大学や専門学校で対人援助について学び、社会福祉士や精神保健福祉士等の資格を取った人材には期待されるところが大きいのですが、そんな勉強をしようと思った動機やそこまでの経験にも同様に関心を持ちたいところです。一人ひとりの生活経験や職務経験はその人固有のものですが、同じような経験や生活をしてきた人たちだけのチームのなかでは、なかなかそれ以上に視野が広がりません。相談に来る人の生活や背景は多様ですから、それを受け止める側の組織のなかにもある程度の多様性を備える必要があると考えています。

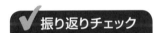

問3 自分の仕事や組織の社会的な意味や役割を理解していますか？

鉄則5 自分と自分の働く組織のことを理解している
☐ 仕事に対する動機、得意と不得意、限界、時々の感情の揺れ、健康状態等
☐ 組織の理念、強みと弱み、課題、地域のなかで担うべき役割等

鉄則6 与えられた職務を理解している
☐ 職務の基盤となる事業の理念、役割、性格、課題等
☐ 自分の職務の責任範囲、チームのなかでの役割等

仕事のなかで「自己概念を広げる」ための努力や工夫をしていますか？

（1）知らないこと、受け入れがたいことに関心を持てるか

　自分ができないこと、できていないことに向き合うのは、誰しも苦手です。向き合って努力する、できるように学び続けることは重要ですが、どうしても苦手なことはあります。自分が受け入れにくいこと、苦手なこと、それが事柄であったり人である場合もあります。あまりにストレスが高いと、そのことによって業務に支障をきたす場合すらあります。そんなとき、線を引いて近寄らない、遠ざけておくという態度も、場合によっては必要になるかもしれません。ですが、箱に閉じ込めて棚に上げたままにしてしまうということではなく、何かしら意識にとめて関心を持っておく必要があります。常に意識的にしておくということができなかったら、時折、意識しておけばよいと思います。

　私の場合は、自分のできないこと、苦手なことについては、周囲にいる誰かできる人に頼んだり、頼ったりということをします。直接ではなく間接的にでも、自分の苦手なことや人にコミットできるチャンネルを作っておくようにしています。

（2）答えの出ないことを我慢できるか、疑問を貯めておけるか

　人に関わってその向こうに見えてくる社会を考えるという仕事に携わって、白か黒かはっきりできないことがいろいろあることがわかってきました。他人のことですから計り知れないことはたくさんありますし、制度やその運用にしても納得できないことは多くあります。ですが、私一人がその場で憤ってみたところで、法律や制度がそう簡単に変わるわけもありません。成果が見えにくいこと、答えが出ないことにたくさんぶつかるのですが、それを引き出しにしまっておくという意識や態度が必要です。

　納得できないことを納得できないと言葉にしてぶつけてみるのは大事ですが、ぶつけたことに満足してすっきりしてしまっては意味がありません。自分のなかに貯めておかなければならないのです。そうすると後になって、ああそうだったんだと思える人やエピソードに出会ったりします。あの時に感じていた矛盾はこのこととつながっていた、こういうことだったのだと思うことがあるのです。はっきりしないことのなかに、自分を鍛える考えやツボが潜んでいて、後になって答えが見つけられることもあります。日常の支援に矛盾や迷いはつ

きものですから、それを貯めておくと仕事に奥行きや広がりを作ることにつながります。

（3）感じること、考えることをやめていないか

　困難な課題に取り組むには連携が重要ですが、一方で連携を維持するにはそれなりの努力が求められます。ネットワークが広がるほど報告先は増えるし、相手との価値観が必ずしも一致しているとは限りません。ひっかかりも面倒くささも出てきます。そんな経験を重ねるうちに、それが地域なのだろうと思うようになりました。号令一下で意思統一が図られる大きな組織的な動きのなかで取り上げられてこなかった、排除されてきた問題が、地域のなかに置き去りにされていて、それに向き合うことが求められているのです。そういう問題についてどうしたら一緒に考えていく人を増やせるかということなので、あまりきれいな答えが用意されていたら、それはむしろ、まやかしなのかもしれません。

　そういう意味で、問題について、状況について、環境について、感じることや考えることをやめないという姿勢、態度がとても大事だと思います。ひっかかりがあれば、それを心にとめておく。周囲との間で話題にしてみる。次に出会ったひっかかりとの共通点を考えてみる。時間切れになったら、とりあえずいったん引き出しにしまっておく。人と社会に関わる支援者には、そんな習慣が求められるのではないでしょうか。

振り返りチェック

問4 仕事のなかで「自己概念を広げる」ための努力や工夫をしていますか？

鉄則7 知らないこと、受け入れがたいことに関心を持つ
- □ 知らない人、受け入れがたい人も同様。ただし、いつもではなく、時々でよい
- □ 理解できなくても心にとめておく
- □ 自分自身ができなくても、そのこと（人）にアクセスできるチャンネルを作っておく

鉄則8 答えの出ないことを我慢できる、疑問を貯めておける
- □ はっきりしないことのなかに、考えるツボが潜んでいる
- □ 後になって、答えや関連性が見つかることもある
- □ 日常の支援に矛盾や迷いはつきもの

鉄則9 感じること、考えることをやめない

問5 自分を社会資源化するためのわきまえ、心構えはありますか？

（1）指導ではなく、支援や関わりが求められていると思えるか

　相談窓口というのは、実はたくさんあります。本当にどこにも相談してこなかった人というのはほとんどおらず、さまざまな困難を抱えた人たちはそんな窓口をあちらこちらさまよい、情報だけでなく、ちょっとした助言とか指導のようなものをたくさん、シャワーのように浴びてきています。でも、それで問題が解決しなかったから、また相談に来ているわけです。どうすればよいかは何となくわかってはいても、それを自分の力だけで取り組んだりやり遂げたりすることができないのです。助言や指導ではなく、本人に関わる、付き合う「支援」こそが求められているのだと思います。

　児童相談所や福祉事務所等、法律上一定の権限を有する機関の場合、そこで行われるソーシャルワークは本人との関係では対等とは言えません。制度を実施する立場で必要があれば権限をもって「指導」しなければならないからです。それは必要なことなので、そうした枠組みの「指導」自体を問題にしているわけではありません。むしろ「指導」を受けたら、その趣旨に従ってどうやって生活の立て直しをしていくか、どうしたらそれが実行できてその結果生活を変えていくことができるのか、具体的なプロセスを一緒に考えて支える存在が必要とされているのだと思います。指導どおりに実行できなかった結果を「指導に従わない」ととらえてすべて本人の意欲や努力の問題にされてしまっては、「指導」の本来的な趣旨は活かされません。

　日常の業務のなかでは、関係機関の相談窓口に相談者本人が相談に行く場面に付き添うことが、しばしばあります。関係機関と本人との関係がこじれてしまっている場合だと、関係機関から同席を求められることもあります。関係機関から本人が助言を受けているとき、実際に同席した際に私もそこで指導を受けているような気分になることがありました。面談を終えた帰り道、本人の「あんなこと言われても、それができるのであればそもそもこんな話にはなってないですよ」などというぼやきに相槌をうちながら、「ではどうしましょうか？」という話になるのです。一緒に動くとか一緒に考えるとか、それは支援者が特別な人間だからできるのではなく、そういう関わりこそが求められているのだと思います。

（2）うまくいかなかった関わりがあるほど、懐は深くなる（かもしれない）と思えるか

　問題解決をするのは相談を受ける立場の私ではなく、問題を抱えたその人自身です。この原則を、往々にして置き去りにしてしまう、忘れてしまうことがあります。

　以前に、家賃が何か月分も遅れてしまっている人がいて、近所に住む大家さんのところに、お詫びをして待ってもらえるよう、本人と一緒にお願いに行くことになりました。私は大家さんとは以前から顔見知りでしたので、挨拶をして「このたびはご迷惑をおかけしています」と頭を下げたのですが、横に立っている本人を見ると立ったままで横を向いているのです。大家さんはその様子を見て、私に向かって「あなたがそう言うのはわかるけど、肝心の本人がどう思っているかなんだよね」と言われました。私が「一生懸命にこの人を支援して払えるようにします」と口先で言うのはたやすいですが、現実そのとおりになるかというと、それは本人の問題になってきます。では、どうするのか？

　また別の人の話ですが、その若者は家族の支えを期待できずたくさんの困難を抱えていたので、一時期、かなり濃密な関わりを持っていました。すごく忙しい時期があって、彼から「相談にのってほしいことがある」というメールをもらっていたのですが、1週間ぐらい返事ができなかったということがありました。ようやく私から「会う日にちを決めましょう」とメールをしたところ、「もう大丈夫です」という返事が来ました。どうしたんだろう？　もしかしたらすぐに返信をしなかったので怒っているのかな？　と気にしながら電話をしてみたところ、私が忙しそうだったから、以前に私が教えた別のセンターに自分で電話をして相談し解決できたということでした。そういえば、彼を支える関係を増やしたいと以前にほかの支援機関の情報を伝えて同行を提案したのですが、彼からは「行きたくない」と拒否をされていたことを思い出しました。私をあてにしていたのが、頼りにならないと思ったときに自分で考えて行動して、支援関係を見つけて問題解決をしていたのです。どこかで肩透かしを食ったような気分になった私は、「彼には私しか頼る先がないのではないか」と勝手に思い込んでいたことに気づき、彼のたくましさに思わず拍手してしまいました。

　相談者と支援者との関係は、相互に作用し合います。相談者を属性や課題別に分類してこうしたタイプの人にはこんな対応というマニュアルを用意しても、相談者の背景や状況はさまざまですし、働きかける支援者のキャラクターも知識も技術もさまざまですから、相互作用がそのとおりに働くとは限りません。ですから、うまくいったこともいかなかったことも、一つひとつの事例の一つひとつの働きかけや関わりのすべてのなかに、支援者や支援機関の

幅を広げる、懐を深くする種がひそんでいるのです。

　私の経験では、うまくいったことよりも、うまくいかなかったこと、うまくいったのかいかなかったのかよくわからないことのほうが多い印象です。うまくいったのはおそらく、そもそも相談者にその力があったからです。うまくいかなかったことのほうが多く印象に残っているのは、そうした経験のほうが自分の関わりを振り返る機会を得ることにつながったからなのかもしれません。関わりが難しかった相談者との経験は、私たち支援者が自分や自分の関わりを見つめ直す大きな糧となるのだと思います。

（3）評論家に陥らず、時には巻き込まれる勇気を持てるか

　以前に、強いエネルギーであちらこちらの関係機関を巻き込んでいくパワフルな相談者に出会いました。客観的に何らかの支援は必要だろうと思われる状況もあって私たちのセンターも関わりを持つことになったのですが、結果的に私自身がしょっちゅう電話でその人に時間を支配されるようになり、職員にストップをかけられて、1週間休暇を取ったということがありました。休んだ当初はただ呆然とするのみで、自分の身に何が起きたかを振り返るのには時間と仕事から離れた環境が必要でした。少しずつ、緊張を強いられるその人との関わりのなかで疲れ果て、適切に判断する力を失っていたのだということに気づくことができました。ストップをかけて急な休暇をカバーをしてくれた職員たちと、振り返りを助けてくれた周囲の仲間たちの存在に、今でも、とても感謝をしています。

　その人にこれまでのことをいろいろ聞いていったら、偶然にも、私の大先輩であるIさんと過去に関わりがあり、その関わりが大切な思い出になっているという話を聞くことになりました。本人に「あなたのことをよく知るために、Iさんに当時の話を聞いてもよいですか？」とたずね、了解をとってIさんのところに行きました。「Iさんからその人についての話を聞く」というのはもしかしたら言い訳で、私はその人との関わりに大変な困難を感じていたので、藁にもすがる思いでIさんに助言を求めに行ったのだと思います。

　Iさんの語るその人の幼少期の風景は、私の想像を超えた厳しいものでした。今後の関わりをどうすべきか途方に暮れた私は、自分の無力さをそのまま口にしました。Iさんは私の弱音をじっと聞いたうえで、「現実は過酷で、自分たちのできることなどほんのわずかしかないかもしれない。それでも、何もしないよりは何かをしようとしたほうがいいんじゃないかな」と言われました。

　「評論家に陥らず、時には巻き込まれる勇気を持つ」とは、「よりそいホットライン」の評価委員でもある、東京ボランティア・市民活動センター所長の山崎美貴子先生に教えていただ

いたことです。先ほどのような1週間も休まなければならないような大きな失敗はそんなに多くはありませんが(山崎先生にも、「そんなこといつもやっていたら身が持たないから、時々にしておきなさい」と言われました)、私自身だけでなく、同僚に対しても、相談者に思い入れを持ちすぎる、入り込み過ぎているかもしれないと感じるときがあります。でも、人々の意識が追いつけないほどのスピードで変容を続ける社会のなかで、困難を抱えた人たちに関わるという仕事をしている以上、対岸で評論家然とした態度でいるわけにはいきません。巻き込まれることをよしとするのではなく、それぐらいの勇気と感性をもって仕事に臨みなさいというメッセージなのだと理解し、心に留めています。

(4) 一人ひとりの可能性を信じられるか

　人間には生涯にわたって発達の可能性があると言われています。支援者にとって、相談に来た人の持っている力や可能性を信じるということは重要です。

　この原則が身に付いている、しっかりと実行して仕事に取り組んでいると思われる人たちのなかで、相談者のことを信じられても、同僚や仲間のことを信じられない人がいます。同僚の不手際を受け入れられなかったり、関係機関の理解不足や対応の不十分さを厳しく責め立てたり、その結果、連携先が広がらなかったり本人の選択肢を減らしてしまうといったことにもなります。

　支援者の働きかける対象は、本人と本人を取り巻く環境の双方です。本人をエンパワメントする視点や態度は、本人を支える周囲の環境に対しても向けられるべきだと思います。相談に来た人も、同僚も自分も、考え方や感性が相容れない関係機関の人たちの誰もが、変わっていく、成長していく可能性を持っていることを精一杯信じていく、少なくとも信じる努力をあきらめてはならないのでしょう。

　ただし、すぐには変わりません。そんなふうに簡単に変わるのであれば、もっと早くに状況はよいものになっていたでしょう。すぐには変わらない、でもあきらめない、そういう心境に時々立ってみる必要があると思います。

✓ 振り返りチェック

問5 自分を社会資源化するためのわきまえ、心構えはありますか？

鉄則10 指導ではなく、支援や関わりが求められている

鉄則11 うまくいかなかった関わりがあるほど、懐は深くなる（かもしれない）

鉄則12 評論家に陥らず、時には巻き込まれる勇気を持つ
□「解決する」のはその問題を抱えた本人であることを忘れない

鉄則13 一人ひとりの可能性を信じる
□ 誰も（相談者、同僚、自分等）が成長する可能性を持っていることを忘れない
□ すぐには変わらない、でもあきらめない

まとめ
第2章を読む前に

（1）私自身の振り返り

　私は昭和40年に東京で生まれました。父も母も母子家庭で育ち、特に父の実家は経済的にたいへん苦労をしたと聞いています。母は結婚してからもずっと仕事を続けてきましたが、自分の母親の苦労をみて育った父は、女性が働くことはむしろ必要だと思っていたようです。二人の祖母、親戚、母の友人等々、姉と私と弟の成長過程にはたくさんの人たちが関わってくれました。今思えば、母は自分たち家族のために、子どもが育つ環境を上手にコーディネートしていたのだと思います。

　当時の東京は、よく晴れた日は午後になると光化学スモッグが出たことを知らせるサイレンが鳴り響くような、公害真っ盛りの時代でした。病弱で入院を繰り返していた弟の環境を変えるため、両親は母の実家に比較的近い千葉県の農村部に移住することにし、私は小学校高学年で転校を経験しました。移住先の地域は少しずつ新興住宅地が開発されていましたが、それでも転校生は珍しく、また、私はバイオリンを習ったり親戚にスキーに連れて行ってもらったり、周囲からみればちょっと「お高くとまっている」子どもでした。案の定、いじめの対象となり、歯をくいしばって目立たないように神経をとがらせながら教室に座っているような時期も経験しました。

　後年、なぜ今の仕事を選んだのかと聞かれ、あまり意識していなかったこのいじめの体験を思い起こすようになりました。排除されている私に声をかけてくれてきた同級生は、まわりの同調圧力を気にしないタイプの人や、いじめリーダーから一目おかれている一匹狼タイプの人でした。いじめはだいたい些細なことから始まりますが、それがエスカレートするにつれ、私に絡んでくる相手の目には力がみなぎってくるかのようでした。暴力に発展することもありましたので、身体的な苦痛も受けました。いじめを受けながら、「家に帰ったら犬と遊ぼう」とか、「あの本を読もう」とか、現実とは別の想像世界に意識を飛ばすようなことも覚えました。なぜかわかりませんが、親に相談することは一切、考えませんでした。ことのほか私に心を砕いてくれていた祖母を心配させたくなかったのかもしれません。

　一度、土曜日の下校時にひどくいじめられ、翌週に私がたまたま風疹で数日学校を休んだら、いじめの場面を目撃していた同級生が担任にそのことを話したようです。私の欠席の間

に私へのいじめについてクラスで話し合いが行われ、全員が書いた反省文が自宅に届けられたことがありました。私はあまりうれしくありませんでした。書いてあることは読まなくてもだいたいわかったし、それで私の日常が変わるわけではないことも予想がついたからです。そんな私の生活が劇的に変わったのは、中学校への入学でした。2つの小学校の卒業生が通う中学に入り、見事に人間関係が「ガラガラポン」されました。それ以降は、普通の学校生活が続き、中学の後半になって「あのときは悪かった」といじめっ子から謝られたことがありましたが、あまり印象には残っていません。気持ちや人間関係の立て直しはよほどタフな人でない限り自力では容易にできるわけでもなく、時間の経過や環境の変化がいちばん人を動かしていくということを実体験で学びました。

　昭和63年に社会人になりました。東京都社会福祉協議会に就職をして、最初は65歳以上の高齢者の無料職業紹介事業という現場で4年間仕事をしました。カウンセリングはもともと職業相談からスタートしていると聞き、大学の社会人向けの講座を受けに行った記憶もあります。大学出たての20代前半で、65歳以上の高齢者の方の相談にのるなんてことができるわけがなく、背が低くて幼く見える外見も手伝って、私が一人で窓口にいたら初めて相談にお見えになった方から「お嬢ちゃん、今日はここはお休みですか？」なんて言われたこともありました。そんな経験からわが身を振り返らざるを得なくなり、自分のことについて考えるということも始まったのかなと思います。

　15年東京都社会福祉協議会で仕事をした後に、少し地域のなかに入り込んで仕事をしたいと思い、実家のあった千葉に戻りました。ちょうどその時期に千葉県が対象を問わない相談事業を始めるという話が持ち上がっていて、縁のあった地域の方々からやってみないかと誘われ、「中核地域生活支援センター」に関わってからの経過は、先述したとおりです。

（2）「ソーシャル・アドボカシー」という考え方の提起

　相談の舞台は変わってきていますが、基本的には変わらないというのが実感です。実はがじゅまるの仕事を12年やってきましたが、よりそいホットラインで出会った人たちはがじゅまるで出会った人たちとは少し違う感じがしました。生活困窮者の自立相談支援事業でも、がじゅまるやよりそいホットラインとは違う人たちに出会ったなという印象があります。私たちが関わっている人たちは、困難にぶつかっている人たちの全体からするとほんの一部なのだろうと思いますが、やはり相談者の背景や抱える問題の構造は非常に共通していますし、私たち相談に携わる側が基盤にすべきことは共通しているのではないかと考えています。

相談ニーズの状況は全国でさまざまだと思いますが、これまでのところ私が感じていることは2つあります。1つには、相談しようと行動するタイミングが遅いという点。これは、結果として抱える問題が深刻化、複雑化することにつながります。もう1つには、問題が解決したと思って相談支援から離れるタイミングが早いという点。学習や経験が蓄積されずに、本質的な問題の解決がその後の人生に積み残され、先送りされることになります。

　共通しているのは、①自分に助けが必要であることを理解して周囲に適切に伝えられないこと、②伝える関係を持っていないこと、③周囲（身近な人、支援機関、地域社会）がその人の困難を見過ごしていること、です。鳥居深雪[*6]さんは、①の「自分に助けが必要であることを理解して周囲に適切に伝える」力を、「セルフ・アドボカシー」と表現しています[*7]。②は、「社会的孤立」です。

　そして、これまであまり取り上げられて来なかった③の「周囲がその人の困難を見過ごさずに受け止める力」について、私たちはこの本のなかで「ソーシャル・アドボカシー」として提起したいと思いました。困難を抱える本人が何らかの形でSOSを出しても、それが周囲に正しくSOSとして受け止められなければ、その人は助けを得ることができません。SOSを出す側だけでなく、受け止める側にも着目をしてアプローチをする必要があるのです。これまで、例えば地域福祉の諸活動のなかで、学校のなかで、気になった人や子どもに声をかけて相談につないでいこうという呼びかけはたくさん行われてきています。では、相談機関で相談を受ける人たちについてはどうなのか？

　さまざまな課題を抱えた人たちが社会的な支援を求めたいと思ったとき、各領域の相談機関に相談が寄せられます。よりそいホットラインの相談者について言えば、約8割の人が過去にどこかに相談した経験を持っています。しかし、そこでの受け止めが十分でなかったり見立てが相談者のニーズとずれてしまっていたために、困難を抱えた人が相談して問題を解決するという行動が中断してしまい、孤立してさらに問題を深刻化させるという結果を招いてしまったと言えるのかもしれません。

　相談を受ける側の私たち支援者は、社会のなかでセーフティネットの一翼を担っています。困難を抱えた人が周囲に助けを求めたいと相談した（セルフ・アドボカシー）際に、支援

[*6]　神戸大学大学院人間発達環境学研究科教授。主な編著書に『思春期から自立期の特別支援教育 「人間理解」のためのヒント集』（明治図書出版）、『脳からわかる発達障害　子どもたちの「生きづらさ」を理解するために』（中央法規出版）などがある。

[*7]　鳥居深雪「「生活のしづらさ」と発達課題」『中核地域生活支援センター活動白書2013』千葉県中核地域生活支援センター連絡協議会，2014. を参照。

者は、困りごとを適切に受け止め社会的な支援につないでいく(ソーシャル・アドボカシー)、社会的な役割を持っているのです。その役割を精一杯、果たしていくために、あらためて、自分たち自身をまな板の上に乗せ、見つめ直す必要があると考えました。

相談支援事業を利用する相談者の「本人のいるところから始める[*8]」よりそい型と言われる支援の方法は、問題解決のプロセスの一つひとつの場面において相談者が感じたこと、考えたこと、経験したことを支援者との間でキャッチボールをしていくことに意味があります。支援者が先回りして問題を解決してしまうのではなく、相談者が問題に向き合うことを支え、解決の試行錯誤に関わることで、相談者自身が相談支援から離れた後のその後の人生において周囲の力を借りながら自分の問題に取り組んでいくことができるよう、相談支援の過程で生活者としてのその人の力を高めていくこと(エンパワメント)が目標となるからです。

相談者のエンパワメントを支えるためには、支援者自身がどうあるのかが問われます。①「セルフ・アドボカシー」、②「社会的孤立」、③「ソーシャル・アドボカシー」は、支援者自身が突きつけられている課題とも言えます。

こうした問題意識が今回の執筆動機につながっています。この章で長々と私の生活史を書いたのも、まずは投げかけをしようとしている自分自身から振り返ることが必要だと思ったからです。

(3) 支援者の仕事への向き合い方が問われている〜第2章へのつなぎ〜

誰にでも自分のペースがあります。自分らしさを維持できずに無理が続けば、どこかでつぶれてしまいます。一方で、この仕事はチームが重要です。(なかには一人職場という人もいるかと思いますが、ここでいう「チーム」とは、組織を超えた連携なども含みます。)チームの全体を意識して、自分のペースを維持しながら、ときには周りを見ることもしなければなりません。常に周りに合わせていたら疲れて自分らしさを見失ってしまいますが、自分のペースを維持しながら、周囲と歩調を合わせてもストレスがかからないのであれば、そういう時間もとても重要だと思います。

自分のことを意識してみる。周囲を見まわしてみる。全体を考えながら自分の立ち位置や役割を想定する。言葉にすると簡単ですが、それを実行するためにはいろいろなことを考え

[*8] 岩間伸之『支援困難事例と向き合う 18事例から学ぶ援助の視点と方法』中央法規出版, 159頁, 2014. を参照。

まとめ

てみる必要があり、第1章では、私のこれまでの仕事の経験から感じたこと、考えたことを整理して言葉にしてみました。

　第2章では、5つの事例を素材に、「ありがち支援員」と「なるほど支援員」の関わりの経過を対比して、支援員のとらえ方や関わりの仕方によって事例の展開が変わってくるかもしれないことを例示しています。事例の展開は架空のものですし、わかりやすくするために対応の違いは多少、強調して記述していますが、それでも実際の現場でこんなふうに展開が分かれていくことは多々あります。支援者の仕事への向き合い方、仕事の進め方が相談に来た人の人生に何らかの影響を及ぼす可能性があることを、私たちは自覚しておかなければならないと思います。

　自己紹介で触れましたが、私は小学校時代にいじめられていた時、ちょっと意識を飛ばすと言うか、いじめを受けている自分を別の自分が外側から見ているような、そんな冷めた意識や態度を身に付けるようになりました。それが今の仕事に役立っていると思うこともあります。困難を抱えた相談者の感情に動かされて熱くなったり、ときには説教じみたことを言うことも、あまりのつらさに一緒に涙をこらえるようなこともありました。でも、どっぷり浸かることはできずに、冷めた目でその光景を外から見ている自分がいる気がするのです。これはあくまでも感覚的なとらえ方で、実際には相談者と別れて一人になってから思い起こしているのだと思います。

　相談者といっしょに過ごしている時間の振り返りを、並行してその時にやることはできません。ですから、後からでも振り返ってみる。自分だけではできないので、周りの力を借りて振り返る。これをどうやって日常業務のなかに意識化していくか、こうした振り返りが唯一、人の人生に何らかの影響を与えてしまうこの仕事を、ぎりぎり仕事として存在させるための保証だと思っています。

　支援者は一人ひとりの生活や人生に関わるのが仕事ですが、私たち支援者もまた一人の人間です。こうあるべしと確固たる決意を持ったとしても、困難を抱えた相談者との関係、その時々のコンディション、周りの雰囲気などによって感情が揺らいだり、壁を感じたり、そんな時があろうかと思います。

　「ありがち支援員」「なるほど支援員」を、「対応の良い支援員」「対応の悪い支援員」といった俗人的な評価でとらえるのではなく、私自身を含めて誰であっても「ありがち」にも「なるほど」にもなり得ると理解していただきたいと思います。

5つの問いかけと14の鉄則

問1 社会(ソーシャル)の現実を知っていますか？ 理解していますか？

- **鉄則1** 仕事の舞台となる地域社会の状況を理解している
- **鉄則2** 問題とともに、背景や構造をとらえて関連性を見つける姿勢を心がけている

問2 ソーシャルな視点や姿勢を養い、鍛えるための努力や工夫をしていますか？

- **鉄則3** 社会全体の状況に関心を持つ
- **鉄則4** 相談者との関わりのなかで五感で感じ取ったこと、行動したことを具体的な言語に置き換えることで意識化する、社会化する

問3 自分の仕事や組織の社会的な意味や役割を理解していますか？

- **鉄則5** 自分と自分の働く組織のことを理解している
- **鉄則6** 与えられた職務を理解している

問4 仕事のなかで「自己概念を広げる」ための努力や工夫をしていますか？

- **鉄則7** 知らないこと、受け入れがたいことに関心を持つ
- **鉄則8** 答えの出ないことを我慢できる、疑問を貯めておける
- **鉄則9** 感じること、考えることをやめない

> **問5** 自分を社会資源化するためのわきまえ、心構えはありますか？

- **鉄則10** 指導ではなく、支援や関わりが求められている
- **鉄則11** うまくいかなかった関わりがあるほど、懐は深くなる（かもしれない）
- **鉄則12** 評論家に陥らず、時には巻き込まれる勇気を持つ
- **鉄則13** 一人ひとりの可能性を信じる

オプション

- **鉄則14** マイペースの維持と周囲との歩調あわせ、ギアチェンジができる

第 2 章

事例解説

ありがちな支援／なるほどの支援

事例 1

携帯電話のハッキングに悩む
一人暮らしの女性

相談者 A（34歳・女性）無職

- **家族構成**：一人暮らし。60代の両親は遠方の実家で暮らしている。ほかには20代後半の弟が、実家の近くで一人暮らしをしている。
- **相談につながった経緯**：電話相談からの紹介。本人にあまり困り感はないが、メンタル面を含め複数の課題を抱えていながら、貯蓄も尽きそう。生活困窮の手前にあるとのことで、本人が相談を希望した。

✓ Aさんの状況

半年前に仕事を辞め、現在は無職。貯蓄を切り崩して生活を送っている。生活に不安を感じていないが、携帯電話のハッキングに悩まされている。

趣味の仲間はいるが、人付き合いが苦手。でも、これまでも自分の力で何とかしてきたし、今後も「何とかなる」と思っている。

✓ 家族の状況

両親は、突然、半年前に仕事を辞めた娘を心配に思っている。娘の今後の生活が心配で、何度も連絡をとろうとするが、なかなかつながらない。ちゃんと生活しているか不安。

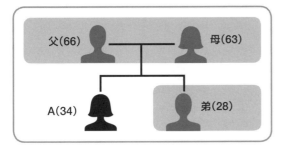

- 両親（実家）と、弟（地元で独立）とは離れて暮らしている。
- Aさんは現在、無職で収入はなく、貯蓄を切り崩して生活している。

1-1 ありがち支援事例
どうやら、この相談は私たちの対象ではなさそうだ

支援員 有勝 一子（32歳・女性）

相談の仕事は経験がないので、自信もないし、不安でした。でも、悩みを抱えている人の手助けをするのは、やりがいがあります。いろいろな人のお役に立てるよう研修にも積極的に参加して、頑張りたいです。

- 大卒後、地元の市役所に就職し10年目。研修など事務的な業務が多く、直接支援は初めて。

- まじめで、与えられた仕事をしっかりやらなくてはという思いが強い。よく言うと優しく、悪く言えば流されやすい。他者のペースに惑わされたり、考えがぶれてしまうこともある。素直で自分とは違う発想や考え方への抵抗はあまりなく、人を頼ったり、つながったりすることは比較的得意。

CONTENTS：1-1　ありがち支援事例

エピソード①	これは妄想か作話か？！	36
エピソード②	激しい口調で返ってきた	38
エピソード③	質問してもいいですか？	40
エピソード④	助言を聞いてもらえた	42
お悩み相談（ありがちさん vs 朝比奈さん）		44

1-2 もう少し、私たちにできる役割を探ってみよう

なるほど支援事例

支援員 鳴程　あおい（40歳・女性）

精神障がい分野の支援をしてきて、医療、福祉の限界をいつも感じてきました。地域を変えなければ、そのための原点は相談支援だと思っています。困窮者の相談に携わることで、これまであまり出会わなかった相談者や関係機関のみなさんに教えられ、助けられています。

- 福祉系の大学を出たのち、精神科の病院で10年ほど働くが、入院患者の現状に矛盾を感じ、地域のグループホームなどの地域支援の仕事に転職し、幅広く支援の仕事や活動に関わっている。

- 物事に動揺したり、感情的にならない飄々とした性格。服装や振る舞いはフランクで、相手を緊張させない雰囲気がある。普段はのんびりしているが、正義感が強く、時折、周囲が驚くほど頑固な一面も見せることがある。

CONTENTS：1-2	なるほど支援事例

エピソード❶	まずは、興味を持ってもらえるような入口を	37
エピソード❷	カード占いの話題で少し和らいできた	39
エピソード❸	周りに助けてくれる人はいますか？	41
エピソード❹	眠れないのはつらいですよね	43
支援の振り返り（by　なるほどさん）		45

エピソード❶ これは妄想か作話か？！

by ありがちさん

電話相談から紹介されてAさんがセンターに電話をかけてきた。

話があちこちに飛び、何に悩んでいるかよくわからないが、とりあえず、**傾聴に心がけて**＊1 じっくりと聞くことにした。

主訴は携帯電話がハッキングされて不安だということの様子。ハッキング相手のこと、占い師に相談したこと、趣味のことなどどう考えても、本当の話とは思えない。

きっと、**妄想か作話だ**＊2 と思う。病院には行っているのだろうか？

質問しようと思っても、話に割り込むすきが全然見つからない。

電話相談によると生活費に困っているし、本人も相談を希望しているとは言っていたけれど、これは私たちの**センターの対象ではなさそう**＊3 だ。

やっぱり、病院や障がいの関係につなぐ必要がありそうだけど、どうやって対応したらよいのだろう。

＊1　傾聴に心がけて
　相談において「傾聴」はもちろん重要です。しかし、一方的に聞かされているだけになるのでは相談支援は成立しません。話の内容をとらえて、必要に応じてタイミングよく確認や質問などを交える「対話」も傾聴とともに大切な対応です。

＊2　妄想か作話だ
　相談者のなかにはとても事実とは思えないような話をする人も多くいます。つい、信憑性にフォーカスしすぎ、「妄想」「作話」として片づけてしまおうとします。大切なのは、相談者がなぜその話をしているのか、背景に迫ることです(p.45参照)。

＊3　センターの対象ではなさそう
　生活困窮はさまざまなほかの課題に潜んでいることも多く、相談当初の主訴では別の相談にみえることもしばしばです。尚早に「対象かどうか」を考えるのではなく、まずは受け止め、何に困っているのか一緒に考えられるのがワンストップ相談の持ち味です。

エピソード① まずは、興味を持ってもらえるような入口を

by なるほどさん

電話相談から紹介されてAさんがセンターに電話をかけてきた。事前に電話相談の担当者と話をして**私たちの役割について確認**[*12]しておいた。今、最も悩んでいることはハッキングの話だろうけれど、背景にいろいろなことがありそうだし、それは電話だけでは限界があるので、直接会って状況やニーズを確認して、必要なサポートをしてもらいたいということだった。もしも、窓口が対応できない時間帯やタイミングがあれば電話相談も助けになってくれるということで心強く思った。

話があちこちに飛び、多弁だったが、早々に面談の約束をした。やはり、話の内容のほとんどは携帯電話がハッキングされているというもので強い不安や混乱が伝わってきた。精神的な疾患や障がいが疑われるかもしれないが、病院に簡単につなぐような状況で生活が安定するとは思えない。

医療のサポートは必要だけれど[*13]、家族の状況や成育歴なども聞かないと。でも、まずはこちらに興味を持ってもらえるような**入口を見つける**[*14]ことが大事だろう。趣味とか、今一番関心のあることなどヒントは何かないだろうか？　そう、思っていたら、没頭していることがあるとの話があった。何かと尋ねると、「カード占いです」とのこと。声のトーンが少し明るくなった。「今度、お会いする時にまたお話聞かせてください」と伝えて電話を切った。

*12　私たちの役割について確認

　たくさんの支援機関があるなかで、相互の役割分担は非常に重要です。Aさんは今後も電話相談を利用する可能性があるため、なるほどさんは事前の役割の確認をしました。並行して複数の機関が支援する場合、相互の役割確認は特に重要です。

*13　医療のサポートは必要だけれど

　生活困窮の相談者で医療のサポートを必要とする人たちはかなり多いと推測されます。しかし、医療の支援だけで生活が安定する人はそうはいません。医療の必要性と限界を理解しつつ、福祉的な支援、特に生活支援、身近なつながり作りについて見立て、マネジメントする視点が求められます。

*14　入口を見つける

　相談は相談者と支援者の協働的な行為です。しかし、両者は社会的立場も生活の土台も異なります。ついつい、支援者側の常識や感覚で進めてしまいがちですが、まずは相談者の人生や世界観を理解し、そこに近づこうとする姿勢を持ちたいものです。そのために相談者に身近に感じてもらう「つなぎ目」「入口」を見つける努力や工夫が求められます。

エピソード❷ 激しい口調で返ってきた

　ちょっと迷ったけれど、「心療内科や精神科などの病院は行かれたことはありますか？」と質問してみた。

　すると「やっぱり、ありがちさんも私のこと頭がおかしいと思ってるんでしょ！　妄想だとか、嘘つきだとか、相談に行くといつもそうなのよ！」と激しい口調で返ってきて、話が止まらなくなった。**何とか気持ちを鎮めてもらおう***4と話をしばらく聞くことになった。電話が２時間ほど続いてしまった。でも、２時間ほど聞くと気持ちも治まって穏やかな口調に戻った。最後に「話を聞いてもらって、すっきりしました。ありがとうございます。またお話聞いてもらってもいいですか？」と言ってもらえた。少しは役に立ったようで、ほっとして「はい、いいですよ。また、お電話ください」と言って電話を切った。

　電話を切るとどっと疲労感が漂った。ようやく終わった…。同僚のＢさんが「ずいぶん長かったけど、どんなことになっていたの？」と話しかけてきた。簡単に経緯を説明すると、「あ〜、**そういう人***5、よくいるのよね。**メンタルの人***5って関わりが難しいから、あまり深く関わらずに病院に任せたほうがいいと思う。依存されることもあるし」と言われた。Ｂさんの言うこともわかるけど、最後はありがとうって言ってたし、病院の話は怒られたし、どうしたらよいのだろうか？

*4　何とか気持ちを鎮めてもらおう
　相談者が感情的になったときの反応には支援者の個性が現れます。感情をぶつけられて、萎縮したり、うろたえたりして相手に飲みこまれてしまうのか、怒ったり、不快になったりと感情的になってしまうのか、あるいは冷静でいられるのか、自分がどういう反応になるのか自覚しておきたいものです。

*5　そういう人／メンタルの人
　相談者のことを状態像や特徴で「〇〇の人」というようなレッテルを貼ってしまうことはありませんか？　レッテルを貼ってしまう背景には支援者の行き詰まりがあることも多く、貼ってしまっている状況に気づけることが大切です。支援者主体になっているサインととらえ、支援者同士で指摘し合えるようになれば、次の支援につなげることができるでしょう。

エピソード② カード占いの話題で少し和らいできた

Aさんが約束の日時に来所した。**服装はちょっと派手な感じはするが身なりに気になるところはない**[*15]。表情も悪くないし、感じがよくて、社交的で話しやすい。

簡単な挨拶と**自己紹介**[*16]をした。「担当のなるほどです。私たちは生活の困りごとを一緒に考える幅広い相談窓口です。お話をうかがって、一緒にできることがあれば一緒に考えたり、お手伝いをしますし、ほかの専門機関や支援機関の方が助けになりそうであれば、情報提供やご紹介もします。もちろん、そういう場合にもAさんと相談しながら、方向性を決めていきます」と事業所の**パンフレットと利用の手引き**[*16]を示しながら、説明をした。

Aさんはちょっと硬い表情で聞いているので、「最初から硬い話ですみません。いきなりいろいろ説明されてもわかりませんよね。とにかく、疑問に思ったことはその都度、聞いてください」と伝え「そういえば、この前、お電話でカード占いが趣味だとおっしゃっていましたよね？」と話を切り出した。カード占いの話題で少し緊張感が和らいできた。

*15　服装はちょっと派手な感じはするが身なりに気になるところはない

　仕事や経済状況、家族などの客観的な情報も大切ですが、支援者が相談者と関わることで得られる印象や感触などの主観的な情報も同様に大切です。何をどう感じるかはその人の感性や価値観に影響されることから、「なぜ、そう感じたか？」という主観的な情報のアセスメントは支援者の自己理解に大いに役立ちます。

*16　自己紹介／パンフレットと利用の手引き

　生活困窮の相談には社会との接点が少ない人や支援者とうまくいかない経験をした人が訪れることも多いものです。その際、最初に「何のために、何を、どこまでしてくれる人（ところ）か」を理解してもらうことは大切です。話だけでは伝わりにくいこともありますので、パンフレットなどの紙媒体のほうがわかりやすいでしょう。また、相談者の理解力に応じて下線を引いたり、メモを書き足したり、情報を伝わりやすくする配慮も時には必要です。

エピソード❸ 質問してもいいですか？

電話の2日後、Aさんが突然、窓口に来た。**内心の動揺を隠しながら**＊6、面談室に案内して、話を聞くことにした。Aさんはスマホを見せて「ありがちさん、これがハッキングされているのです。SNSも乗っ取られていて、一昨日は写真を勝手に撮られました。警察に相談したほうがいいでしょうか？」と言う。

「そうですね。警察に相談する方法もあるかもしれませんね」と曖昧に答えるしかなかった。でも、最近、スマホの乗っ取りがあることをテレビで見たことがあるし、本当かもしれない。もう少し、**事実確認**＊7をすることが大事だと思って、詳しい状況を聞くことにした。

「写真が勝手に撮られたのは、なぜわかったのですか？」と聞いてみると、スマホでいろいろなページを開きながら、説明が始まった。言っていることがよく理解できないので、質問をしていくと話が余計にわからなくなっていった。このまま時間が過ぎても困るし、どこかで相談センターの説明とか、フェイスシートの**必要最低限の確認**＊7はしなくちゃいけない。きっと、スクリーニングで考えると障がいや病気で**専門家に紹介すべき**＊8相談者だということになるだろう。生活困窮ということがはっきりしないと相談が継続できないし、やっぱり生活について聞かなくちゃならない。そう思って、「すみません。質問してもいいですか？ ご家族について聞いてもいいですか？」と切り出してみた。

＊6 内心の動揺を隠しながら
　相談のなかで予測外の出来事や展開に時には動揺することもあります。冷静になろうと思っても隠し切れずに、相手に違和感や不信感を与えることも少なくありません。むしろ、困ったことや驚いたことは口にしてしまったほうがよい関係作りにつながることがあります。支援者が自分の気持ちを話すことは相談者に支援者を理解してもらうプロセスとして重要なのです。

＊7 事実確認／必要最低限の確認
　相談におけるアセスメントが知らないうちに事情聴取に陥ることもよくあります。話が二転三転するとき、あるいはアセスメントシートが真っ白なときなど。まじめで責任感が強いほど、無意識に正確な情報をつかみたいと思うかもしれません。しかし、アセスメントの目的は何だったか思い出してみましょう。アセスメントは事実確認をするためでも、シートを埋めるためでもありません。相談者のニーズを理解し、そこから支援する方法を見つけ出すためのものです。

＊8 専門家に紹介すべき
　総合的、包括的な生活困窮の相談においては、既存の専門機関につなぐ支援を行う場面も多いでしょう。つなぐべき人かどうかがわかっても、「どのようにつなげるのがよいか」「なぜ、つながるべき人がつながっていないのか」の背景が理解されないと、なかなかうまくつながりません。「紹介すべき」で終わらせずに、つなぐ方法を問い直してみましょう。

エピソード③ 周りに助けてくれる人はいますか？

　カード占いの話で少しリラックスしてきたところで、「ちょっと、ご家族のことを聞いてもいいですか？　今のＡさんの困っていることを解決する人が周囲にいるかどうか教えてもらいたいのです」と尋ねてみた。

　すると、「父親は何も言わない人。何を考えているのか本音の見えない人。今回のことなんて相談できるはずがない。母親には心配をかけたくないから話さない。自分で何とかするしかないと思っているし、そうできると思う」と絞り出すように話した。その様子から両親を頼れない、頼りたくない何らかの事情がありそうなことは伝わってきたので、「なるほど、**ご両親はご健在だけれど、頼りたくないというお気持ちなのですね？**＊17」と確認したところ、「そうです。自分で何とかします」と妙にきっぱりとした返答があったので、気になってもう少し聞いてみることにした。

　両親は少し離れた町で暮らしていて、あまり交流はないことがわかった。また、母親は２年前にがんを患って、再発のリスクもあり、心配をかけられないらしい。この前の電話ではハッキングやSNSの話など非現実的な話が多かったけれど、身近で具体的な話は比較的、スムーズにできそうだ。電話の時にも感じたけれど、**強い不安や焦りがあるように**＊18思う。あまり、Ａさんの表面的な話題や事実関係を気にしないで、不安の背景について迫ってみる必要がありそうだ。

＊17　ご両親はご健在だけれど、頼りたくないというお気持ちなのですね？

　相談者の語りから、気持ちや本音を読み取り、それを言葉にして返すやり取り（フィードバック）は協働で相談を進めるうえでは欠かせません。フィードバックは相談者の気持ちに迫り、明らかにしていくために有効であると同時に「そのとおりです」「いや、そうじゃないです」と相談者が意見を言える機会を作り出すことにも意味があります。相談者のなかには思ってもいないのに支援者の意見に「そうです」と肯定してしまう人もいます。相談者の表情や反応を丁寧に見ながらフィードバックすることで相談者と支援者の関係性は深まります。

＊18　強い不安や焦りがあるように

　なるほどさんは、Ａさんの話の内容にフォーカスせずに、その話をするＡさんから不安や焦りを読み取りました。Ａさんにとって事実関係の確認よりも、そこが重要なアセスメントポイントだったのです。

エピソード❹ 助言を聞いてもらえた

「家族？ **なんで、そんなこと聞くの**[*9]ですか？」と急に怪訝そうな顔になりながらも、「父親は何も言わない人。何を考えているのか本音の見えない人。今回のことなんて相談できるはずがない。母親には心配をかけたくないから話さない。自分で何とかするしかないと思っているし、そうできると思う」と言う。

両親が健在なのはよかった。キーパーソンになるかもしれないし、**いざというときには頼れるだろう**[*10]と思って「お母さんに心配をかけたくないというお気持ちはわかりますが、やっぱりご家族には相談してみてはいかがですか？」と勧めてみた。Aさんは「そうですね。今回のハッキングは「もう少し周りの人に頼りなさい」ということを気づかせるための試練だったんじゃないかと思えてきました。今まで、人に頼ることなんてできなかった。でも、こうやって話を聞いてもらうだけでも違うんだって思えた。それはよかったと思う。もう少し周りの人に話をしていかないといけないかもしれませんね」と言う。

よかった、私の**助言を聞き入れてもらった**[*11]みたいだと少しほっとして「そうですね。もう少し周りの人に話してみませんか？ ご両親とは同居されているのですか？ ご兄弟はいらっしゃいますか？」と、少し家族について聞いてみることにした。とにかく、生活状況を含めて事実関係をもう少し確認しなくては。

*9 **なんで、そんなこと聞くの**
　当事者に支援を受けた経験を振り返ってもらったときに「どうして、そんなことを聞かれるのかわからなかった」「関係ないことを聞かれて嫌な気持ちがした」という意見をもらうことがあります。支援者は「相談だから、聞いても当然」と思い、安易に質問攻めにすることがありますが、事前に説明や確認も必要です。その質問の意図や必要性をとらえたうえで、相談者に教えてもらうというスタンスで聞く姿勢も求められます。

*10 **いざというときには頼れるだろう**
　生活困窮と家族関係はしばしば密接な関係にあります。家族からの支援が受けられなかったからこそ、困窮に至ることもありますし、家族がいることで困窮が深刻化することもあります。それらを把握せずに「家族だから頼りになるはず」「家族は助け合って当然」と安易に考えるのは危険です。相談者のなかには幼いころからの虐待やDV、家庭内暴力で苦しんできた経験のある人たちも多くいます。家族のあり方や現状が変化してきていることを理解しましょう。

*11 **助言を聞き入れてもらった**
　支援者にとって自分の助言や提案を受け入れてもらえることはうれしいことかもしれません。しかし、相談者の立場で考えると、支援者がせっかく言ってくれたことを断ったり、拒否したりすることはためらいや遠慮があるものです。断るのは面倒なので「わかりました」「そうですね」ととりあえず言っていることも少なくありません。同意をもらえる助言ができることも大切ですが、相談者が率直に意見を言ってくれる関係性のほうが役立ちます。

エピソード④ 眠れないのはつらいですよね

　Aさんの不安の背景に迫ろうと、「電話で携帯がハッキングされているとおっしゃっていましたが、今はどうですか？　収まりましたか？」と話題を振ってみた。「はい、今日、新たな方法をとったら、ハッキングがやんだようです。よかった。これで安心できるかもしれません」との返答だった。どうやら不安な状況は少し改善した様子だ。

　「それは、よかったですね」と同意したうえで、「ところで、今回のハッキングですが、きっかけとか心当たりはありますか？」と聞いてみたところ、「実は、ハッキングが起こる数か月前に、数年前から悩んでいた結果、離婚をしました。その頃はお酒の飲み方も激しくなって、記憶をなくすことも多々ありました。タバコの量も増えたし、眠れなくなっていました」とのこと。

　「それは、いろいろと大変でしたね。**眠れないのはつらい**[19]ですよね。その眠れない時期からはどうやって抜け出したのですか？」と聞いたところ、「病院に行って眠剤を出してもらいました」という返事だったので、眠れないことや食事をとれなかったつらさについて過去の経験を教えてもらった。かかりつけの精神科の病院があるとのことで安心した。一方では**病院だけではAさんの生活の課題が解決しない状況にある**[20]ということでもある。私たちが応援できる役割があるかどうか、もう少し生活面や人のつながりをよく確認しながら探ってみよう。

＊19　眠れないのはつらい

　「メンタルの人」というレッテル貼りをしがちですが、それは支援者の一方的な見立てで、協働関係を阻む要因になります。「眠れないのはつらい」という見立てをしたことで共有できるテーマになりました。精神疾患や障がいについて知識がないと不安に感じる支援者もいるようですが、病気のことは知らなくてもその人が何によってつらいのか、大変なのかに近づくことはできます。

＊20　病院だけではAさんの生活の課題が解決しない状況にある

　生活困窮の相談の多くは医療などの専門的な支援を必要としながらも、日々の生活に困難を抱えています。そうした相談は専門機関につなぐだけでは困難は解決しません（むしろ、すでにつながっている場合も多いものです）。重要なのは日常生活の面で支えになる人や機関と効果的なつながりを作ることです。残念ながら、今の福祉の公的支援では障がいでも母子家庭でもない通常の稼働年齢層に対して、就労支援のメニューはあっても、日常生活の支援（家事支援等）は想定されていません。地域にあるインフォーマルな人や機関を生活支援として発掘したり、創造したりする地域作りが求められます。また、これまで私的な関係性が支えていた生活支援の領域を公的支援でカバーするような新たな施策が必要とされていると言えます。

お悩み相談　ありがちさん VS 朝比奈さん

ありがちさん　精神障がいや病気について知識が不足していて、Aさんの相談をどのように受け止めればよいか戸惑いました。どうやって病気や障がいの知識を深めていけばよいでしょうか？

朝比奈さん　確かに、病気の症状や障がいの特性について知識を深めることは必要ですが、病気の状態や生活のしづらさは、環境や生活歴による影響も大きく、一人ひとり異なります。何より、障がいや病気の○○さんという理解ではなく、名前のある一個人である相談者のおかれた状況や心情の理解に努めることが大切です。

知識が先に立ってしまうと、ニーズの把握の妨げになることさえあります。例えば、妄想と思えるほどの思い込みに支配されている人でも、日常生活は落ち着いていて、医療機関につないでも改善の程度が限定的である場合もあります。統合失調症やうつの診断を受けたことのある人でも、案外、発達の遅れやつまずきの情報が見落とされているということもあります。

また、専門機関との適切な連携やネットワーク作りは重要ですが、診断や治療に問題解決のすべてを期待してはいけません。生活の支援に携わる私たちには、日常生活に関わる立場で本人と信頼関係を築いて、本人といっしょに問題解決の道筋を探ることが求められているのです。

ありがちさん　「本人といっしょに」といっても、Aさんのように病識のない人の場合は、どうやって医療につないだらよいのでしょうか？

朝比奈さん　そもそも、「妄想（と思われることがら）を語っている」ということだけで、「この人は病気だから医療が必要だ」と判断することは、私たちの職分を超えています。それを判断するのは、医療や保健等の専門機関の役割です。私たちがすべきなのは、食事や睡眠、清潔保持や外出、意思疎通が図れるかなど、日常生活に関わる具体的な事柄を集めて、それを伝えることです。専門機関との連携がうまくいかないと悩む現場の多くで、こうした理解が不足しているようです。保健所等が開催する啓発講座や相談事業に参加するなどして、日常的に助言を得られる関係を築いておくことが重要です。

支援の振り返り

by なるほどさん

つい話を疑ってしまうとき

　まだ経験が浅いころは、相談に来る人は相談ごとがあるから相談にくると思っていました。でも、実際に相談を受けていると、何が相談なのか、なぜ、相談に来ているのかわからない相談もたくさんあることを知りました。一方的な話が続く場合にはどうやって対応したらよいかわからなくて困りました。特に話がとても現実のこととは思えず、妄想や作り話ではないかと思うこともありました。そんなときは「言っていることがどこまで本当か？」と思い、それを確かめようとしましたが、そうした対応はあまり役に立ちませんでした。自分が事実を確かめようとした理由には妄想や作り話が病気や障がいではないのか？　と不安に思う気持ちがあったのだと思います。今、考えると相談者の話を疑ったり、確かめようとしたりする気持ちでの対応は嫌な感じが伝わってしまいます。

　それから、言うことが日によって、人によって違う人に対しても「どれが本当のことなのか？」「相手によって言うことが違う人」「一貫していない」などと課題点としてとらえてしまうこともたびたびありました。また、嘘をつかれたり、隠しごとをされたり、相談に必要な情報を言ってくれないときにも相談者の課題としてとらえてしまう傾向にありました。

　しかし、そうした発想で関わっていると、多くの相談者の足は遠のきました。そのときには「やっぱり、相談はなかったのだ」と思っていましたが、違いました。相談者の話を聴くということは話の内容を聞くことではないのです。「この相談者はどんな気持ちでそのように思うのか、事実とは思えないようなことを言わなくてはならない事情や背景は何なのか？」ということに耳と心を傾けることだということにだんだん気づいていきました。すると、相談者の理解が広がり、話ができるようになりました。話ができるようになると、相談者にいろいろなことを質問したり、自分が感じることや理解したことを伝え、確認できるようになっていきました。

　確かなのは、目の前にいる相談者が今、ここでこの話をしたいと思っていて、実際に話をしているということなのです。それが本当か嘘かということに気を取られると、大切なことがわからなくなります。大切なのはその話をしたいという気持ちや話すことになった事情や背景を理解しようとすることです。おそらく、相談から足が遠のいた人たちは、私が相談内容にばかり気を取られたり、相談者の課題点を見つけようとしたりする姿勢を感じとったのでしょう。相談は「相談内容」に向き合うのでもなく、「相談者の課題を見つける」ことでもなく、「相談者」と誠実に向き合うことが大切だとあらためて思います。

コラム1　支援する人が陥りがちな穴

相談者から「ありがとう」と言われることについて（その1）

　相談者から「ありがとうと言われました」「謝意を述べられた」という記録を、時々目にします。この「ありがとう」について少し考えてみました。

　厳しい状況に置かれた相談者を前にした支援者は、さぞやつらいだろうと相談者の心情に思いを寄せ、力になってあげたいと思うものです。対人援助の仕事を志した人間であるからこそ、きっと勇気づけたい、励ましたいと思うのでしょう。そして実際に励まします。これは、支援者が「自分に何ができるかわからないけれども、それでも困難な状況にあるあなたといっしょに考えていきたい」と、自分自身の決意を固める宣言のようなものだと思います。

　しかし、自分自身に対してではなく、相手に対してむやみに励ましてしまうことがあります。そうすると相談に来た人は、一生懸命自分の話を聞いてくれた人が一生懸命に自分に語りかけてくる、それについて感謝しなければと思います。そういう場面で、相談者との間にある種の関係が紡がれるのかもしれませんが、相談者が励ましに対して感謝の言葉を口にしたからといって、支援者はそれで終わりにしてはいけない、相談者と共有すべきつらさから自分から抜け出し、先に自分が楽になってしまってはいけないのです。記録に「相談者は少し楽になったようだ」などとコメントがついていると、楽になったのは相談者ではなくて記録を書いている支援者のほうではないかと思わざるを得ません。

　例えば、他人のつらさを「理解したい」と思うことはできても、「理解できた」などということはできません。「共感したつもり」は、支援者にとって危険な思い込みです。その人と同じ経験をしたわけでもないのに、共感などということはそんなに簡単にできることではないからです。つらくて困難な状況にいる、そんな相談者本人を前にしたときに、私たちは声もかけられない、何も言えない状況というのは、私たちにとってとてもしんどいものです。そのしんどさを踏ん張って、支援者が本人と一緒に何をしていこうか、何ができるかということを懸命に考える姿勢が援助関係のスタートなのです。ですから、相談者から「ありがとう」と言われることには注意しなければなりません（コラム2（p.60）に続く）。

（朝比奈）

事例 2

夫がギャンブル依存で借金生活
―二人の子どもの教育費が心配な主婦―

> **相談者** B（48歳・女性）主婦
>
> ● 家族構成：会社で中間管理職をしている夫と、高校に通う二人の子との四人暮らし。
>
> ● 相談につながった経緯：ハローワークの窓口からの紹介。転職先を探しているが、これまでの職歴や年齢のこともあってなかなか先が決まらず、窓口でかなり思いつめて経済状況について相談し始めたことから、担当職員が心配し、相談センターへの相談を勧められてきた。

✓ Bさんの状況

　夫のギャンブルと借金が発覚し、激しいショックを受ける。今はしていないというが、不安で仕方ない。夜も眠れないことがあり、近くの心療内科で処方してもらった睡眠導入剤や精神安定剤が欠かせなくなっている。子どもたちが高校生でお金がかかるのに貯蓄がなくなり、今のパート収入では今後が心配で、別の仕事を探している。主婦のため、家庭で過ごすことがほとんど。友人などはいるが、家庭のことは相談できない。

✓ 家族の状況

　夫はギャンブラーで多重債務者。貯金を切り崩して消費者金融に返済した。さすがに「二度とギャンブルはしない」と誓ったが、「残業、残業」と帰りが遅い。夫の給与収入と自分のパート収入で生計をたててきたが、消費者金融への返済で、貯蓄がほとんどなくなる。家族関係はぎくしゃくしているが、何とか日常生活は保っている状況。

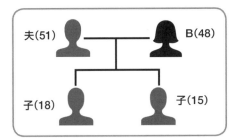

- 夫の給与収入とBさんのパート収入で生計をたてている
- ギャンブルの借金の返済で貯蓄はほとんど残っていない。

2-1 ありがち支援事例　そもそも解決しようという気持ちがあるのだろうか？

支援員 有勝　二郎（36歳・男性）

保護課でケースワーカーをしているときにも、まだまだ働けそうな人たちもいるし、生活保護に至る手前の対応は必要だと思っていました。福祉系の大学出身でもないので、支援については自信があるわけではないですが、窓口対応はそんなに苦手ではないのでしっかりやりたいと思います。

- 行政の生活困窮相談の担当。生活保護のケースワーカーに配属になって2年目で窓口担当となる。これまでの福祉関係の部署で、制度や手続き関係の窓口対応は経験あり。

- 両親がともに公務員で、親戚も堅い仕事が多い。しつけの厳しい家庭で期待されて育ったからか、生活習慣や社会のルールなどきっちりしていないと気が済まないところがある。周囲にも自分にも厳しい面があるが、明るい性格で人付き合いもよく、周囲からも信頼されている。

CONTENTS：2-1　ありがち支援事例

エピソード①	いきなり立ち入ったことを聞くのは・・・	50
エピソード②	会社の管理職なのに・・・	52
エピソード③	何をサポートしたらよいのだろう？	54
エピソード④	どうやって話を終わらせようか	56
お悩み相談（ありがちさん vs 朝比奈さん）		58

事例 2

2-2 なるほど支援事例 だからこそ相談に来ている

支援員　鳴程　かすみ（62歳・女性）

難しいことはわからないけど、どんな相談でも何とかしようと思う気持ちだけは自信がある。特に子どもが関係するとついつい熱くなってしまうね。これまでいろいろな親子に関わってきたけど、社会はどんどん女性や子どもに冷たくなっていく感じがする。なんとかしたいと思っているんだけど、現実は厳しいんだよね。

- 厳しいDV家庭で育ち、早くに結婚。離婚を経験したのち、母子家庭で子育てをした。育った家庭環境や母子家庭での子育て経験から子どもや女性の支援に携わって30年以上。人の紹介で困窮者支援の仕事を手伝ってもらいたいと誘われた。

- 周囲からは「典型的な肝っ玉母ちゃんだよね」とよく言われるが、内心はかなり繊細。育った家庭で大人の顔色を見ることが自然に身についてしまったのかもしれない。世話好きで涙もろく、型破りなところがある。

| CONTENTS：2-2 | なるほど支援事例 |

エピソード❶　話したくなかったら、話さなくてもいい……………………………51
エピソード❷　これはしっかり相談を受けなければ・・・…………………………53
エピソード❸　ちょっと考えてみませんか？……………………………………55
エピソード❹　ちょっと整理してみた……………………………………………57
支援の振り返り（by なるほどさん）………………………………………………59

エピソード❶ いきなり立ち入ったことを聞くのは…

ハローワークからの紹介でBさんが来所した。普段、あまり見かけないような上品な雰囲気で、「おや？」と思った。

「お仕事以外に何かお困りなことがあるのですか？」と尋ねると、思いつめたように「もう、どうしてよいかわからなくて。仕事も早く探さないといけないのですが、夜もよく眠れないし、いろいろ気になることがあって」と言った。

まずは**家族や経済的な問題がないか**[*1]聞いてみたところ、夫は企業の中間管理職として働いており、**収入はしっかりしている様子**[*2]。二人の子どもも高校に通っていて、大学進学を目指しているとのこと。「実は子どもたちの進学のために貯金をしていたのですが、事情があってなくなってしまって。私もこれまでパートでは働いていたのですが、長男が今年受験なので進学費用には足りなくて。フルタイムでの仕事を探しているのですが、ずっとパートでこの年齢ではいい条件の仕事もなくて」と打ち明けられた。

貯金がなくなったのは気になったけれど、**いきなり、そんな立ち入ったことを聞くのも失礼だ**[*3]と思い、奨学金についての情報提供をすることにした。

＊1 家族や経済的な問題がないか

相談＝「問題点を探し、それを取り除いて、解決する」と思いがちですが、それ以上に「相談者の強みを見つけて、問題を解決する」という発想が重要です。この発想はストレングスモデルと呼ばれ、相談者を尊重する相談支援の基本的な姿勢と言えます。支援者はどちらかというと「できないこと」「困難」に目が行きがちです。意識して、「できること」「強み」に着目したいものです。

＊2 収入はしっかりしている様子

「企業に勤め、一定の収入がある」「家族がいる」＝「安心材料」に思えるかもしれません。しかし、実際にはそうした事実とは関係なく困難は生じることがあると認識しておきましょう。支援者の「こういうものだ」「そうに違いない」という思い込みがアセスメントの幅を狭くし、困難を深刻化させることがあります。

＊3 いきなり、そんな立ち入ったことを聞くのも失礼だ

遠慮や気遣いがアセスメントのポイントを逃す要因になることがあります。日常会話であれば失礼だと思われることも、支援に必要であるとわかっていれば、聞くことができますし、むしろ聞くべきなのです。もしも、相手が言いにくそうだったら、謝って聞くのをやめることができますし、なぜ聞くのか説明することもできます。また、その場で聞けなくても話の展開でタイミングをみて聞き直すことも可能です。

エピソード① 話したくなかったら、話さなくてもいい

　ハローワークからの紹介でBさんが来所した。服装や受け答えもしっかりしているけれど、**目は疲れ切っていて、無理をしている感じ**[*10]がした。まずは「お仕事、お探しだと聞いていますが、なかなか見つからないんですってね」と声をかけた。「はい、焦りばかりが強くなってしまって」と言葉を濁すので「そうですか。焦ってお仕事を探す事情がおありなのですか」と尋ねると「実は、子どもが進学を控えているのですが、貯金がなくなってしまって」とまた言葉を濁す。これはお金に関して何かがあると思った。何となく探るよりもまずは率直に聞いてみることにした。言いづらそうなら、すぐにやめればよい。

　「そうですか。貯金がなくなったのには何か事情があったのですか。話したくなかったら全然、話さなくてもいいですし。話したいことは何でも話してください。まずはお聞きしますから」と声をかけると「いいんですか、話が長くなりますけど」とせきを切ったように話し始めた。

　貯金がなくなった背景には夫のギャンブルの問題があった。これは、思ったよりも深刻かもしれない。きっと、**誰にも話していないのだろう**[*11]。まずは、Bさんの気持ちを吐き出してもらおう。

*10　目は疲れ切っていて、無理をしている感じ

　相談者の表情や雰囲気などは非常に重要なアセスメント情報です。一見、明るく元気そうに見えても、無理をしている人もいますし、大げさに表情に出す人もいるでしょう。相談者がどんな状況でどんな表情をするのか一人ひとり異なります。表情や雰囲気から相談者の状況を推測できるようになれば関係作りも深まります。

*11　誰にも話していないのだろう

　相談者が悩みについて、これまで誰にどれだけ話しているのかは重要なアセスメント項目です。誰にも話していない場合には質問も最低限にじっくりと時間をかけて、気持ちを吐き出してもらう傾聴が大切になります。逆にたらい回しにされて、何度も同じことを話してうんざりしている場合や、あちこちの窓口で同じことばかり話してしまう人もいるでしょう。その場合には適切な質問やフィードバック、支援者の自己開示なども交えて双方向の関係性が深まる対話が求められます。

エピソード❷ 会社の管理職なのに…

奨学金について資料を使って説明をしたが、あまり利用への積極性が感じられない。「ご主人とはすでに相談されていますか？」と聞くと「いいえ、主人は毎日残業で、帰りが遅いのです。子どもたちのことなんて私に任せっきりです」と言う。自分も含めて**どこの家も父親が子育ての頼りにならない**＊4ことも多いので、「そうですか。お仕事忙しいのなら仕方ないですよね」と言葉をかけた。

ところが、Bさんは納得いかない表情で「本当に残業なのか、信用できないんですよ！」と強い口調になり、実は夫がパチンコにはまり、消費者金融から借金を繰り返したことを話し始めたので、びっくりした。

2年前に中間管理職に昇進したBさんの夫は「残業」や「出張」で帰りが遅かったり、家を空けることも多くなった。そうしたある日、仕事に穴をあけたため500万円が必要になったと告げられ用立てたところ、数か月後にさらに200万円が必要だといわれ、パチンコ通いが発覚したらしい。

「でも、とりあえず**穴埋めができてよかった**＊5ですね。家族で何とかできたのは素晴らしいと思います」と伝えた。それにしても、生活保護受給者でパチンコによく行って指導する人たちはいたけれど、会社の管理職なのに多額の借金までするなんて、あるのだろうか？

＊4 どこの家も父親が子育ての頼りにならない

個人の意見や見解を「普通は…」と一般論にしてしまうことは危険です。特にこの事例のように、支援者のジェンダーバイアスを一般化することは、避けなければなりません。離婚しようと悩んでいる人に「経済力がないのだから夫を頼ったほうが子どものため」と言ってしまったり、DV関係から逃れられない女性に対して「男と女の問題」と片付けてしまったり、知らないうちに「女だから」「男だから」という見方をしていることがあります。

＊5 穴埋めできてよかった

ギャンブル依存の問題において、家族による肩代わりは課題を深刻化させる代表的な対応です。家族が肩代わりすることで、表面的には解決したように感じ、根本で依存に陥っていることに本人も家族も気づく機会を失ってしまいます。依存の特徴への理解がない場合、身内で金銭問題を解決することをプラスにとらえてしまいますが、それが泥沼への入り口になることが多くあります。

エピソード② これはしっかり相談を受けなければ…

by なるほどさん

Bさんは夫と職場結婚をして、寿退職し、夫は順調に昇進して、マンションも買い、幸せな普通の生活をしていたそうだ。それが、今はかなり生活費がぎりぎりのところに来ているようだった。**描いていた生活と今のギャップへの葛藤**[*12]は想像以上なのだろう。

話を聞いていると、Bさんはとてもまじめで一生懸命な人だと思った。おそらく夫もそれ以上にまじめな人なのだろう。これまでギャンブル依存の人に何人か会ったけれど、驚くほど**しっかりとしていて、おとなしくまじめな人たち**[*13]だった。

Bさんは「今考えると、2年前に中間管理職になり、帰りが遅くなったり、出張だと言って家を空けるようになったころに始まったんでしょうね」と言った。「夫は職場でよく働くと評価も高い人でした。でも、失敗や対人関係のトラブルに直面するのは苦手なようでした。『失敗した』とか『トラブルを起こした』と思うと、すごく落ちこんでしまう性格のようで、『小心なんだ、意外と』と思っていたんですよね」と自分を納得させるように話した。質問もあまりせずに、深くうなずきながら聞いていると、「でも、全部嘘だったんですよ！」と急に口調が強くなった。

「一度目の時、土下座までして涙を流し、『もう二度としない』と約束したのに、それも嘘だったのです」

高校生のお子さんもいるし、これはしっかり相談を受けなければと思った。

＊12　描いていた生活と今のギャップへの葛藤

「相談者の立場になって考える」ことが大事と言われます。その場合に「自分がその人の立場だったら」と考えることと「その人がその状況だったら」と考えるのではかなり違ってきます。前者の「自分だったら」という置き換えは時に「自分ならもっと頑張るはず」「自分だったらこんなことはしない」という相談者評価につながり、支援の邪魔をすることがあります。あくまでも相談者の生き方や価値観を想像し、それをベースに相談者の立場になって考えることが基本なのです。そのために、自分とは違う人の生き方や価値観を理解し、受容できることが大切です。

＊13　しっかりとしていて、おとなしくまじめな人たち

依存、依存症の問題は今の生活相談においてかなり多く潜在化しているテーマと言えます。しかも、その多くは相談のなかでサインを見過ごされたり、ほかの問題にすり替わったりして、早期に支援につながらずに深刻化することもしばしばです。特にギャンブル依存は見過ごされがちです。Bさんの夫のようにまじめに働いている、おとなしいなど周囲からの評判がよい場合は問題視されにくく、依存症という病気であるとの認識に至らないまま事態が深刻化します。相談のなかで借金やギャンブル、アルコールなどの話題が出た際には、依存、依存症について注意しながら聞くようにしましょう。

エピソード❸ 何をサポートしたらよいのだろう？

by ありがちさん

よく考えてみると、そもそも500万円の時点で気づかないなんてことがあるのだろうか。不思議に思い、「最初の500万円の時に、**おかしいとは全然思わなかったのですか？**＊6」と聞いてみた。

「会社での評価が悪くなったら、困りますよね？！　それで何とかなるならと必死でした。それに、暗い顔をして帰ってくる日も多くて、仕事が大変なこともわかっていましたし。少しでも力になれるのならと思ったのです。なのに、本当は嘘をついていたのですよ。全部、パチンコだったんです！」

それから、Bさんは表情や様子ががらりと変わり、夫への不満や後悔を話し始めた。Bさんは夫の元同僚で、上司の紹介で結婚することになったらしい。「まじめで、バリバリ働いて、マンションも買いました。順調に昇進し、本当に普通の幸せな家庭だったのに、どうしてこんなことに…」と泣き崩れた。

かける言葉がうまく見つからない。それに、センターとして**何をサポートしたらよいかもわからなくなってきた**＊7。ギャンブルや夫婦のことはどうにもならない。実際、今はどれくらいお金に困っているのか、誰か身内で助けてくれる人はいないのかと思い、聞いてみた。すると、「ギャンブルで借金なんて、実家にも恥ずかしくて誰にも言えません」と返ってきた。

＊6　おかしいとは全然思わなかったのですか？
　人は追い詰められた際に視野狭窄に陥り、通常の思考や発想では気づきそうなことが気づけなかったり、しないようなことをしてしまったりすることも多くあります。相談のなかでそれを持ち出し、気づかなかったのか？　わからなかったのか？　と問いかけることは相談者を責めているように思われることがあります。特に自責の念や後ろめたさがある場合には、たとえ支援者が責めるつもりはなくても、そうとらえてしまい、傷つけたり、追い詰めたりする場合もあると知っておくことが必要です。

＊7　何をサポートしたらよいかもわからなくなってきた
　既存のテーマ別の相談窓口は相談内容が明確なことも多く、支援や解決のイメージがしやすいものです。それに対して何でも相談においては先に相談者の怒りや悲しみや混乱など、マイナスの感情が前面に出ることも少なくありません。そうなると、支援や解決のイメージができなくなり、支援者まで混乱してしまうこともあります。相談内容を明確にし、解決方法をイメージしたいと焦らずに、相談者の混乱やつらさを安心して出してもらい、受け止めることが大切です。

エピソード③ ちょっと考えてみませんか？

by なるほどさん

「全部嘘だったのですか。本当にいろいろと大変でしたね。でも、何とかしようと思ったから相談にも来ているわけですし、**少しずつできることを探していきましょう***14か。お子さんの進学のことも心配でしょう」と言うと「はい、本当に心配だし、申し訳なくて。子どもたちには父親のことを話していないのですが、うすうす気づいているみたいなんです」「私が悪いんでしょうか？　私がしっかりしていないからこんなことになって」「せっかく貯めていた貯金を何で使ってしまったのかと思うと悔しくて」などと、自責の念や後悔、夫を責める気持ちなどが次々と出てくる。

「自分を責める気持ちや後悔の気持ちがあるんですね」「でも、その時はその時で一生懸命考えたのだと思いますよ」と**複雑な気持ちや客観的な状況を言葉にして***15、伝え返すようにした。自責にも他責にもどちらにも同調せずに、相反する、矛盾する気持ちや思いも支持した。何よりもこの状況では葛藤するのは無理もないし、**だからこそ相談に来ている***16のだと思った。

「なかなかつらい状況ですね。解決を急ぐのではなく、まずはどこから取りかかったらよいか、ちょっと考えてみませんか？　今、一番つらいことや、これが何とかなったらちょっとは元気が出そうとか、思いつく方法はありませんか？」

*14　少しずつできることを探していきましょう

この段階で支援者は実にたくさんの問題がBさんの生活にあり、いろいろとやらなくてはならないことがありそうだと思いましたが、それを具体的に提案することはまだしませんでした。Bさんなら話していくうちに、もう少し状況を客観的に理解して、どこから何をすればよいか考えられるようになりそうだと思ったからです。相談者の力を信じることができるのは支援者として非常に大切な要素と言えるでしょう。

*15　複雑な気持ちや客観的な状況を言葉にして

相談者の話を単に聴くだけではなく、気持ちや状況をとらえて、それを言葉にして「○○なのですね」と伝えることは相談者と支援者の協働を促します。大切なのはそこに審判の要素が入らないこと。自分を責めるのも、夫を責めるのもどっちも「そういう気持ちもありですよね」と支援者も受け止めていなければ、評価や内心は態度や雰囲気で伝わってしまいます。

*16　だからこそ相談に来ている

相談者はしばしば混乱や迷いのなかにいて、矛盾することを言ったり、考えがころころ変わったり、煮え切らなかったり、さまざまな葛藤を抱えてやってきます。そうした様子にイライラすることもあるかもしれません。しかし、そうした厳しい状況であるからこそ相談に来ていることを忘れてはいけません。

エピソード❹ どうやって話を終わらせようか

　「お子さんの進学がご心配なら、先ほど説明した奨学金や社会福祉協議会の貸付金なんかもありますよ」と提案してみた。「いや、奨学金のことは知ってます」と言う。「じゃあ、やっぱりBさんがお仕事を探して、働く方法でしょうかね」と提案すると「だからハローワークに行ってるじゃないですか」と言う。**何を提案しても、聞き入れようとしない。解決しようとする気持ちがそもそもない**＊8 と感じた。

　「最近では夫との関係も最悪です。帰りは遅いし、この前は1週間も帰らないことが、『また残業って嘘ついてるんじゃない？』と聞いたら、けんかです。もう、離婚したほうがいいでしょうかね？」とBさんは言ったが、仕事も見つからないのに離婚をするなんて無理だろうと思った。この調子で責められたら、夫も家に帰りたくないだろうと夫に同情する気持ちがわいてきた。相談に来て、困っているって言いながら、解決策を提案しても受け入れるつもりもなさそうだし、生活の質も落としたくないようだ。

　生活保護の時もそうだったけれど、**障がいや病気でもないし、単に自制心が足りない、努力不足やわがままな人**＊9 も結構いると思う。パチンコにはまった人を税金で助けるのはおかしいと思う。不安や夫への不満を話し続けるBさんの話を聞く気持ちはなくなっていった。どうやって話を終わらせようかと考えていた。

＊8　何を提案しても、聞き入れようとしない。解決しようとする気持ちがそもそもない

　相談において問題を解決するのは相談者自身です。「提案を受け入れない」「解決しようとする気がない」という相談者へのジャッジや評価の表面化は支援者の手詰まりのサインと言えます。提案を受け入れても受け入れなくてもそれは相談者の選択。また、相談者が自ら解決を考える前に支援者がアドバイスや提案をしても、かえって解決への意欲を奪ってしまうことのほうが多いでしょう。

＊9　障がいや病気でもないし、単に自制心が足りない、努力不足やわがままな人

　どんな支援者でも、いつでも冷静で妥当な対応ができるわけではありません。相談者という相手のあることですから、思ったとおりにならないことはたくさんあります。支援者のイメージする支援の展開にならないときでも、避けなければならないのは相談者批判、責任追及です。そんな時は悪者捜しをせずに、相談支援が行き詰まっているサインだととらえましょう。そして、信頼できる人に相談したり、相談に同席してもらったり、担当を変わってもらったりなどの対応ができることも大切なスキルです。

| エピソード④ | ちょっと整理してみた |

「なるほどさん。実は、夫の借金はもっとあるんじゃないかと不安なんです。夫とまともに話ができないことが一番ストレスです。子どもにとっても今の状態はよくないことだとわかっているのですが、不安や不信感がぬぐえません。離婚したほうがいいんじゃないかといつも考えています」とBさんは言った。

「そうですか、Bさんのこれまでの話を聞いて、**ちょっと整理してみた**[*17]のですけど、聞いてもらえますか？」そう前置きしてから伝え始めた。

「私は、Bさんの**体調やストレスが一番心配です**[*18]。そのストレスの元は夫さんの関係、お金がどうなっているかわからない不安、一人で悩みを抱えていたことも大きいかもしれません。そして、お子さんの進学のこともそうですが、これからが不安ですよね。そうした不安を少しでも軽くするためには、夫さんから状況を教えてもらう必要がありそうですが、**どうですか？**[*19]」

Bさんは強くうなずいた。「夫さんから話を聞くいい方法は**思いつきますか？**[*19] Bさんがまずは頑張って話してみるのも**いいです**[*19]し、誰か身近で頼りになる人に同席してもらう**方法もありそう**[*19]です。また、こちらでギャンブル依存の自助グループも紹介**できます**[*19]し、いきなり話すのは自信がないならまずは夫さんと話をするための準備を**するのもあり**[*19]かと思います」Bさんはしばらく考えてから、ゆっくりと話し始めた。

*17　ちょっと整理してみた

相談者の語りを整理して、相談者に伝え返す作業（フィードバック）は支援を進めるうえで大事なプロセスです。話している内容だけではなく、話している内容の背景には何があるのか、また話している人を客観的に見たときにどう見えるのかなど。フィードバックは鏡にもたとえられますが、相談者のもう一人の自分役とも言えます。特に一人で問題を抱えていた人の場合にはよく聞いて、適度なフィードバックをしているだけで、相談者自身が何に悩んでいるのかに気づき、先が見えてくるような展開になることが多いものです。

*18　体調やストレスが一番心配です

Bさんがずっと気を張りストレスの多いなかで子育てをしていることが気になったなるほどさんはBさんに強い孤立を感じ、とても心配しました。また、多感な高校生の子ども二人も両親の不仲や母親の緊張感を感じ取りきつい状況であることも想像しました。そこで、体調を率直に心配し、ストレスや不安を少しでも軽くする方向にフォーカスしてみたのです。

*19　どうですか？／思いつきますか？／いいです／方法もありそう／できます／するのもあり

Bさんの少し落ち着いた様子を確認したなるほどさんは選択肢を示してみました。どんな方法がよいか悪いかは示さず、あえて選択しないだろう方法も含めて、できるだけ幅広く提示しました。信頼関係ができてくると、逆に支援者の提案に相談者が誘導されてしまうこともあります。提案の優先順位を先に決めてしまわずに、できるだけニュートラルに提示し、相談者の主体性が発揮される機会を作ることが大切なのです。

お悩み相談　ありがちさん VS 朝比奈さん

ありがちさん　相談者のなかには、周囲のせいにばかりして、平気で約束を破ったり、基本的な礼儀やマナーなどもなっていない人もいて、ついイラッとしてしまいます。朝比奈さんにも、そういった経験はありますか？

朝比奈さん　「つい、イラッとする」ことは、もちろん私にもあります。まだ関係ができていなくて相談者が本当は何を伝えたいのかがうまくつかめないとき、関係ができているがゆえに思い入れが過ぎてしまっているとき、疲れていて自分の状態がよくないときなど、「イラッ」はやって来ます。

ありがちさん　やっぱり、あるんですね。安心しました。もし、自分で努力しないような人に対して「イラッ」とすることなく向かい合う方法、感情をうまくコントロールするコツのようなものがあったら、教えてください。

朝比奈さん　先ほど例示したように、私に「イラッ」がやって来るのは、私の側の問題であることがほとんどです。相談者に対する支援の知識やスキルの問題ではなく、「セルフコントロール」の問題が大きいことを、落ち着いてよく振り返ってみることが必要だと思います。そのことに気づけば、あとは具体的な対処をどうするかです。

相談者がカッとなる場面があれば、私たちは少し相談者がクールダウンするのを待って話を進めていくでしょう。相談者が日常的に不満をため込んではけ口がないと訴えれば、周囲に愚痴を言える環境を作ることを勧めるでしょう。こうした対応は自分自身にも使えます。大切なのは、相談者のふるまいをきっかけに自分の感情が乱されたときに、自分の問題としてとらえるとともに、どのような対処ができるのかを仲間と一緒に振り返ることだと思います。

支援の振り返り

by なるほどさん

「仮説」と「決めつけ」の表裏

いろいろな人たちの相談を受けて、経験を重ねていくと、「あ、これは発達障がいがあるかもしれない」「ギャンブル依存の気配がある」「DVのにおいがする」などと背景にありそうなことが次々とピンとくるようになります。経験を積めば、その直感が当たることのほうが多く、支援に大いに役立ちます。それは、見方を変えると「決めつけ」に見えてしまうことがあるかもしれません。

相談経験の蓄積に基づいた直感は「決めつけ」ではなく、瞬間的な「仮説と検証」と言えます。相談において仮説と検証がとても大切だと思っています。検証をする気がない、検証をしようとしない仮説は「決めつけ」です。大切なのは相談者から発信されるたくさんの情報からいろいろな仮説を立て、それをさまざまな角度からいろいろな方法を使って検証するプロセスだと思います。

経験が浅いころは仮説がうまく立てられず、的外れの質問をしたり、自分が少しでもわかるところに引き寄せたり、だらだらと話を聞くだけになってしまったり、アセスメントシートを埋めようとしたりしていました。また、少し知識がついてきたり、研修などを受けたりすると、ちょっとわかった気になってしまうこともありました。

以前のアセスメントと今のアセスメントを考えたときに、もちろん専門知識や経験の違いもあるとは思いますが、最も違うのは「検証しようとする姿勢」であるように思います。単に聞くのではなくわからないことを質問したり、引っかかる点について確認できるようになりました。さらに、相談者と一緒に仮説を立て、検証ができるとアセスメントの概念が変わりました。知識として勉強したことが腑に落ちるようになり、深く理解できるようになったのです。

考えてみると仮説と検証を相談者と協働で行うことが「決めつけ」を回避する最もよい方法なのではないかと思います。最初は自分がわからないことや経験のないことが恥ずかしいと思ったり、申し訳ないと思ったりする気持ちがありました。わからないことを聞くことに抵抗感もありました。だからこそ、専門知識を勉強しなくてはと焦ることもありました。

しかし、知識の勉強よりも自分が実際の支援で感じる疑問や具体的な悩みを、同僚や先輩などの周囲の人たちに相談して教えてもらうほうがずっと有効でした。また、何よりも相談の際に自分の感じていることや理解したことを言葉にして相談者に伝え、確認してもらうことができるようになって、仮説と検証の材料がどんどん蓄積されるようになったと思います。

コラム2 支援する人が陥りがちな穴

相談者から「ありがとう」と言われることについて（その2）

　相談者から「ありがとう」と言われることについて、コラム1（p.46）で少し述べましたが、あらためてその意味を考えてみたいと思います。

　例えば、転居先が見つからないと訴える相談者がいたとします。要介護者も抱えているしペットもいて、これくらいの予算で3部屋欲しいんですと言われたときに、支援者が必死に不動産屋をあたって、見つけて、相談者に情報として提供したとします。そんな場面で「ありがとう。お陰様で引っ越せます」と言われた。こういうプロセスがあって支援者の行動が伴っていると、言われた支援者の側からも「引っ越せてよかったですね」と具体的な事柄で声をかけることができます。関わりが深まります。

　また、これまでいろいろな問題を周囲のせいにして内省が深まらなかった人、周囲との関係を築くことが難しかった人が、少しずつ気づきを得てふと立ち止まって「ありがとう」と口にすることがあります。私自身の経験でも、罵詈雑言を吐くことにかけては誰にも負けないひきこもりがちな青年と2〜3年関わっていたなかで、ある日の深夜に何の脈絡もなく「いつも本当にありがとうございます」とメールを受け取ったことがありました。私はとても驚いて、彼との面談の際にメールの意味をたずねてみたところ、彼は「眠れずにこれまでのことを振り返っていたら、一度きちんとお礼を言っておかなくてはいけないと思ったんです」と話してくれました。自分自身を振り返り、周囲の存在に気づいたということですよね。この「ありがとう」は、彼にとって大きな意味があったと思います。

　しかし、支援者の励ましに対する「ありがとう」には、どんな意味があるのでしょうか。下手をすると、相談者がその支援者との面談を終えたいと思ってメッセージを送っているのかもしれません。

　「ありがとう」の意味をよく考えてみる必要があると思います。

（朝比奈）

事例 3

仕事も失い、生きる気力も湧かない
―母の介護をしながら就活中の独身女性―

> **相談者** C（45歳・女性）無職
>
> ● 家族構成：慢性疾患のある70代の母親と二人暮らし。
> ● 相談につながった経緯：生活保護の窓口からの紹介。保護の相談に来たが、できれば就職先を見つけるなど、保護受給しなくても生活できるようなサポートが受けたいという希望があった。

✓ Cさんの状況

　生活費が残り少ないが、再就職先も見つからず、体調も悪い。生活保護を受けることも考えてはいるが、亡くなった父親が残してくれた自宅や、母の通院のための車がどうなるか心配。仕事もやめ、つながりを持つところはほとんどない。仕事も失い、生きる気力もなく、死ぬことばかり考えている。

✓ 家族の状況

　同居の70代の母親は慢性疾患を患っている。母親の年金は医療費で消えてしまい、Aさんの収入で生活を支えてきた。離れて暮らす姉もいるが、3年前に亡くなった父の相続をめぐり対立状態にある。

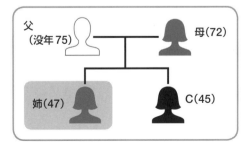

- 母親が年金を受給しているが、慢性疾患の医療費でなくなる程度。
- Cさんは失業中で、現在、収入はなし。切り崩してきた貯金も底をついた。

| 3-1 ありがち支援事例 | # 女性相談は専門外。でも、今後のために頑張ってみよう |

支援員 有勝 三奈（55歳・女性）

最後の現役の仕事として生活困窮者の相談に出会って本当によかったです。ずっと障がい福祉分野で働いてきて、制度の隙間を感じていたので、新しい制度に関わる仕事ができるのは非常にやりがいを感じます。

- 福祉のベテラン。作業所の立ち上げの手伝いから障がい福祉の分野で長く支援の仕事に携わってきた。豊富な支援経験を買われ、民間団体のコンソーシアムで受託した相談センターの主任相談支援員に就任。

- 自身も母子家庭で子育てをしてきたため、生活の苦労はわかる半面、スローペースやはっきりしないような人にときには厳しい側面も見せる。情に厚く、正義感も強いが、関係機関との調和に気を遣いすぎるところがある。

CONTENTS：3-1　ありがち支援事例

エピソード①	あらっ！　どうして辞めちゃったのかしら？	64
エピソード②	ちょっと難しそうだ	66
エピソード③	なぜ言ってくれなかったのだろう？	68
エピソード④	やっぱりプロにまかせよう	70
お悩み相談（ありがちさん vs 朝比奈さん）		72

3-2 なるほど支援事例　相談を通し人は互いに学んだり気づいたり

支援員 鳴程　さくら（33歳・女性）

学生時代に学んだ心理学があまり現場で役に立った感覚はありません。むしろ、現場で相談に来た人たちと関わることであらためて勉強をしている感じです。この仕事を始めてからカウンセリングとソーシャルワークの融合が私のテーマです。

- 心理系の大学院卒業。学生時代からボランティア活動などを通じ、日常の現場の仕事に携わりたいと思っていたところ、大学の先生の紹介で地域づくりNPOが受託する困窮者支援の相談支援員として就職し、モデル事業から関わり4年目。

- 学歴や見た目からしっかりしているように思われることも多いが、意外に抜けたところがあり、おっとりとしていて、親しみやすい雰囲気。

CONTENTS：3-2　なるほど支援事例

- エピソード❶　何かひどいダメージを受けたのだろう ……………………… 65
- エピソード❷　この先、支援はどうしようか ……………………………… 67
- エピソード❸　専門家のアドバイス ………………………………………… 69
- エピソード❹　何もわかっていなかった …………………………………… 71
- 支援の振り返り（by なるほどさん）………………………………………… 73

エピソード❶ あらっ！ どうして辞めちゃったのかしら？

by ありがちさん

　Cさんが生活保護課から紹介されて窓口に来た。地味で暗い印象を受けた。最近、仕事を辞めて再就職先を探しているがなかなか見つからず、生活保護の相談に来たとのこと。できれば「働きたい」というのが希望のようだ。

　「**働きたいというお気持ちはすばらしい**＊1 と思います。就労のためのお手伝いは当センターでも力を入れています。相談に来てもらって、本当によかったです」と迎えた。

　再就職を考えるためにも、まずはこれまでどんな仕事をしてきたか、適性把握などが大切だ。

　「前はどんな仕事をしていたのですか？」と尋ねると「不動産関係の会社の事務職です」とのこと。事務と言っても接客や取引先との対応などもして、かれこれ10年以上働いていたらしい。

　「あら、**そんなに長く勤めていた会社**＊2 を辞めてしまったのですか？ **どうして、辞めたの**＊2 かしら？」とさらっと聞いてみた。体調が理由とは言っているけれど、何か別の理由がありそうに感じた。確かに体調は悪そうだけど、それよりも、ひどく暗い印象を受ける。いじめにでもあったのだろうか？

＊1　働きたいというお気持ちはすばらしい
　困窮者支援において、就労支援は重要な支援の1つですが、相談者のなかには既存の労働市場において搾取やパワハラなどダメージを負った経験がある人も少なくありません。そうした人たちの背景には発達障がいなどの見えにくい障がいや暴力被害などが潜んでいることも多いものです。なかなか就労できない人にはそれなりの事情や背景があることを理解し、すぐに就労支援を勧めるのでなく、慎重なアセスメントを心がけたいものです。

＊2　そんなに長く勤めていた会社／どうして、辞めたの
　言葉そのものの意味のほかに私たちの言葉の言い回しや表現には価値観が反映します。「そんなに長く勤めていた」「どうして、辞めた？」は「せっかく働いていたのに、辞めるなんてもったいない」あるいは「辞めたのはよくない選択だった」というメッセージが知らないうちに込められています。たとえ支援者がそういう意味ではなく伝えたとしても、自らが後悔していたり、自己否定が強くなっている相談者にとって、そういった発信はかなりナーバスに感じ取ります。

事例3

エピソード① 何かひどいダメージを受けたのだろう

by なるほどさん

　Cさんが生活保護課から紹介されて窓口にやってきた。お金や仕事のことを相談しているが、表情がさえず、話も進まない。時々、キョロキョロと周囲を確認するような様子もある。**少しリラックスしてもらおう**[*11]と、持ち物を見るとかばんにかわいい猫のストラップが付いているのを見つけた。

　「あら、かわいい猫ですね！　猫お好きなのですか？」と声をかけると「あ、はい。ずっと飼っていて」と表情が少し柔らかくなったが、ストラップを持つ手が小刻みに震えていた。しばらく楽しそうに猫の話をしていたが、急に泣き出した。「どうしましたか？」と尋ねると「すみません。何でもないです。最近、急に涙が出てくることがあって。自分でも困っていて…すみません」と謝ってきた。これは、**ちょっと様子がおかしい**[*12]と思った。注意深く、少し話を聞いてみよう。

　体調についてもう少し聞いてみると、半年ぐらい前から貧血や微熱で体が重く、ひどい頭痛や腹痛、吐き気などに悩まされているという。「前から、わりと体は弱かったのですか？」と聞いてみると「いいえ、前はそんなことはなかったのですよね…」とまた涙がこぼれた。これは何か**ひどいダメージを受ける出来事**[*13]があったに違いない、と思った。

*11　少しリラックスしてもらおう

　相談は通常でも緊張するものです。初めて会う見ず知らずの人に自分の困っていることを話すのですから、恥ずかしいと思ったり、精神的にきつかったり、つらかったりもするでしょう。そんな時に話をしやすい雰囲気作りは重要です。来所であれば持ち物や服装、家庭訪問の時なら壁に貼っているものや置いてあるものなど、相談者の生活感に興味を持ち、教えてもらったり、共有したり、そうした何気ないやり取りがあることでぐっと相談者との距離が近くなることがあります。ただし、近づきすぎるとリスクもあるのでバランスが大事になります。

*12　ちょっと様子がおかしい

　相談者の表情、感情、口調などから、ただならぬものを感じることもあります。そうした雰囲気は支援者を動揺させたり、喜ばせたり、いらだたせたり、感情を動かします。そんな時ほど、自分の動いた心を冷静につかみながら、関わりを続けていきたいものです。

*13　ひどいダメージを受ける出来事

　支援者は心理学を学んでいたこともあり、Cさんのさまざまな症状の裏に心に大きな傷を受けるような経験があったのではないかと推測しました。しかし、そうした知識があらかじめなくても目の前にいる相談者のつらさやしんどさや様子を想像し、心配して、背景に思いを寄せる姿勢があれば、病名や詳しい症状まではわからなくても、気持ちや苦しさには触れることができます。知識はそうした五感を使った見立てを裏付ける手助けという意味では有効です。

エピソード❷ ちょっと難しそうだ

　話をしていると、明らかにCさんの顔色が悪くなってきた。時々、苦しそうに下を向いているときもある。「具合が悪そうですね？ 大丈夫ですか？」と聞くと「大丈夫です」と消え入るような声が返ってきた。

　「いやいや、全然大丈夫そうじゃないですよ。体調が悪いとのことですが、**病院には行っていますか？ 差支えなければ病名を教えてください***³」と聞いてみた。ひょっとしたら前の職場もうつか何かで辞めたのかもしれない。

　「あ、はい。病院では更年期かもしれないとか、頭痛は肩こりからくるのではないかと言われました。最近はあまりよく眠れなくて」となかなかはっきりした病名は付いていないようだった。「不眠とのことだけど、メンタルクリニックには行ってみましたか？ これから仕事を探すためにも体調面をしっかり把握しないと、せっかく再就職しても**続かないのも困ります***⁴よね」「場合によっては**福祉関係の就労支援***⁵が活用できるかもしれませんから」「いかがでしょうか？」

　情報提供をしながら、反応をうかがったが、どれもピンときていない様子だ。すぐに就労が難しいかもしれないと給付金付きの職業訓練の情報提供もしたけれど、なかなか意思疎通がよくない感じがある。これでは、ちょっと働くのは難しそうだ。**ひょっとしたら、見えにくい障がいもあるのかも***⁵しれない。

＊3　病院には行っていますか？　差支えなければ病名を教えてください
　医療面のアセスメントは相談者の生活の質と関連して把握する必要があります。通院状況だけではなく、病院との関係性や治療の効果が大切です。また、病名だけではなく、その病気が相談者の生活にどんな影響を与えているのか把握することが重要です。

＊4　続かないのも困ります
　ありがちさんは深く考えていないかもしれませんが、「仕事が続かないのも困る」＝「続かないのはダメ」ととらえられてしまう可能性もあります。ダメージを受け、自信を失っている相談者が、そうした言葉を自分を否定する表現として受け取り、不安を募らせることはよくあります。安易に批判的、否定的な言葉を使わないよう気をつけたいものです。

＊5　福祉関係の就労支援／ひょっとしたら見えにくい障がいもあるのかも
　福祉制度（特に障がい福祉）の活用は安定的な支援の確保になる反面、今の日本社会では差別や偏見にさらされるリスクも伴います。抵抗感が強いことも多いため、提案のタイミングやマッチングは慎重に考えなくてはなりません。また、丁寧な説明や情報提供、意思の確認が求められます。特に支援者に福祉の得意分野がある場合は、よかれと思って時には強引な提案になりがちです。より慎重さが求められます。

エピソード②　この先、支援はどうしようか

　聞いてよいのか、悪いのか、どうしようか迷ったが、さらっと一度聞いてみようと思い「Ｃさん、言いにくかったら無理をしなくてもいいのですが、Ｃさんの様子を見ていると、ものすごくショックな出来事があったのではないかと気になります」と言ってみた。Ｃさんはちょっとびっくりした様子をみせたが、前の職場の取引先のお得意さんから仕事中にレイプされた被害を話し始めた。

　「私が悪かったんです」一通り話すと自分に言い聞かせるようにＣさんは言った。「お得意さんとはいえ、一人で車に乗った私がばかだったんです」と言うＣさんに、「Ｃさんは**全然悪くないです**[*14]」「ご自身を責める必要性は１つもないですよ」自責の念にさいなまれるＣさんにそれしかかける言葉は見つからなかった。

　この先の支援はどうしようか？　と悩んだ。**私の力ではこの問題を担当するのは無理だ**[*15]。女性相談の専門家に相談したほうがよいだろうし、弁護士さんの力もいるだろう。警察にもいきなり行く自信もないし、詳しい人に協力を仰ぐ必要があるだろう。

　「Ｃさん、思い出すのもつらいだろう話をよく話してくださいました。これから、いろいろな方法があるとは思いますが、正直言って**私だけでは頼りない**[*15]ところもあります。信頼できる専門家を探して、一緒に相談にのってもらってもいいでしょうか？」

　Ｃさんはうなずいた。

＊14　全然悪くないです

　社会的な上下関係のなかで強い者から弱い者への暴力被害を受けた被害者はしばしば無力化されていることがあります。自分が悪いから、こんな目に合う、自分が防ぐための努力をしなかったから、こうなった、そして自分は価値がない人間だと思い込んでいることが少なくありません。また、確かに弱々しく周囲をいらだたせるような状況の場合もあります。支援者は無力化された人には繰り返し「あなたは悪くない」ことを言葉や態度で伝え、力があることを実感できる関わりをともにすることが求められます。それがエンパワメントです。

＊15　私の力ではこの問題を担当するのは無理だ／私だけでは頼りない

　支援者にとって「自分の限界を知ること」も非常に重要なスキルです。自分の限界がわかるからこそ、連携の必要性が生じ、専門職同士の限界の相互理解が有効で持続可能な連携を支えます。さらに、相談者に支援者自身の限界を伝えることで、相談者との連携も深まるのです。

エピソード❸ なぜ言ってくれなかったのだろう？

とりあえず、一度病院に行くのがよいだろうと思って、「信頼できるメンタルクリニックがあるので、一度行ってみませんか？」と勧めてみた。行くとも、行かないとも言わない。何につけてもはっきりしない。**もともとこんなに優柔不断なのだろうか？**＊6 ちょっと強引だとは思ったけれど、受診の段取りをした。この病院の先生はとてもよい医者なのできっと次の展開が見つかるだろう。

「新患は3か月待ちぐらいだけれど、2週間後に予約が入れられましたよ」と伝えると、Cさんは力なくうなずいたが、ちゃんと受診してくれるだろうか？

2週間後、クリニックの先生から電話をもらった。「Cさんから了解をもらって連絡したのですが、Cさん、前の職場で取引先の男性から性被害を受けていました。かなりのPTSDの症状が出ています」

先生の予想外の話に驚くしかなかった。そんな大事なことを**なぜ言ってくれなかった**＊7のだろうか？

先生は「被害届を出したほうがいいと思うのですよね。この後の相談やサポートのこともあるので、センターに再度行くように言いますね。性被害の専門相談へのつなぎや被害届などについてお手伝いできますよね？」と念を押してきた。

「**はい、わかりました**＊8」

女性相談は専門外だけど、これからのためにも一緒に動いてみよう。

＊6 もともとこんなに優柔不断なのだろうか？
　ありがちさんはCさんの意思表示がはっきりしない様子をマイナスにとらえてしまったようです。つらい思いや過酷な環境にいる人が、はっきりしない態度をとることはごく自然なことです。むしろ、戸惑いやはっきりしない様子を表示してくれているととらえて、尊重したいものです。

＊7　なぜ言ってくれなかった
　相談者が大事なことを言ってくれなかったことがわかるとショックを受けるかもしれません。しかし、相談者が何を誰に話すかは相談者の選択であり、自由であることを尊重しなければなりません。自分が大事だと思っていたことを相談者が言わないのには理由があります。その理由を理解し、次に活かすことが大切です。

＊8　はい、わかりました
　ありがちさんは、医師からの話だけで、専門家へのつなぎを決めてしまいましたが、まだ相談者本人に意思確認をしていません。連携を大切にし、専門職を信頼するあまりに、本人への意思確認が後回しになることもあります。連携は大切ですが、本人不在で進めることだけは避けたいものです。

エピソード③ 専門家のアドバイス

　女性相談のベテラン、知り合いの弁護士などに**概要を伝えて、アドバイスをもらった**[*16]。女性相談の担当者はいつでも一緒に相談に来てもらってもよいと言ってくれた。もちろん一人で来ても対応してくれるとのこと。また、PTSDに詳しい精神科医も教えてくれた。

　今後、再就職にしても、法的手段をとるにしても、体力も精神力も使うことになるだろうとのこと。被害届についても、警察も裁判もしばしば二次被害につながることもあるし、慎重にしたほうがよいことも教えてもらった。本当に**性被害にあった人をサポートすることは大変だ**[*17]と思った。次の面談時に専門家から聞いた情報を伝えた。

　私からは、体調を考えるとハローワークへ行くことも**無理をしなくてもよい**[*18]のではないかと意見を伝えた。所有する自宅の問題も母親の通院のための車の事情も含めて、生活保護の相談に同席できることも伝えた。それから、雇用保険や労災についても経済的には活用できる可能性があることも伝えた。

　伝えることがたくさんあって、きっと混乱するだろうと思ったので、紙にできそうなことや手伝えることを書き出した。選択肢は伝えたが、決定の期限や選択を求めることはしなかった。そのうち、自分で動こうと思ったときに後押ししよう。

＊16　概要を伝えて、アドバイスをもらった
　支援者が相談できる相手を持つことは非常に大切です。支援者の孤立は、そのまま相談者の孤立になり、支援者の行き詰まり、相談者の行き詰まりに直結します。わからないことを適切な相手に相談できるスキルも支援者には求められています。

＊17　性被害にあった人をサポートすることは大変だ
　専門知識は必須ではなくても、最低限は必要でしょう。特に性被害はジェンダーの問題が色濃く反映されており、一定の理解が求められます。少なくとも軽く考えたり、被害者を責めたりする対応は厳に慎まなければなりません。普段あまり意識しなくても、ジェンダーへの関心の度合いがこうした特定の相談場面のリスクと直結することがあります。自らのジェンダーバイアスを自覚することが大切です。

＊18　無理をしなくてもよい
　相談者の行動を後押しする積極的な支援だけではなく、ときには「やめてもらう」「休んでもらう」「無理をさせない」など消極的な支援が必要な時もあります。何でも前向きに頑張ることだけが自立につながるとは限りません。相談者自らが安心して決めたり、悩んだりできる環境を整えるほうが、結果として相談者の自立を促すものです。

エピソード❹ やっぱりプロにまかせよう

翌日、Cさんとまずは警察に相談に行くことになった。「先生から聞きました。全然知らなかったので、**ごめんなさいね。先に言ってくれたら**[*9]、もっと早くに警察に相談に行けたのですけどね」とまずは謝った。

警察に行くと、生活安全課の女性警察官が対応してくれた。Cさんがなかなか切り出さないので代わりに「去年、性被害にあったので、相談を」と伝えると、「去年？ どうして、もっと早くに来なかったの？」と聞いてきた。黙っているCさんに、「警察では何でも話をしたほうがいいわよ」と**促した**[*10]。Cさんは「すみません。迷ったのですけど、誰にも言えなくて。それに自分も悪かったかなぁと思って」と絞り出すように言った。一人で車に乗ってしまったことを悔やんでいたようだ。「そうね、いくらお得意さんとはいっても、一人で車に乗ったのを後悔しているのですね」とすっかり萎縮している**Cさんに代わって警察官に気持ちを伝えた**[*10]。警察官から詳しい聴取が始まった。Cさんの記憶は曖昧で、警察官がイライラしていくのがわかった。「証拠もないし、状況もはっきりしないから被害届は無理ですね」と警察官が言ったので、帰ることにした。

次の約束の日にCさんは現れなかった。電話をしても出ない。数日後、女性相談の担当者から相談先が移ったと連絡がきた。やっぱり、専門家のほうがよいと思った。

＊9　ごめんなさいね。先に言ってくれたら

ありがちさんは「ごめんなさい」と謝りましたが、内心の「早く言わないから対応が遅くなった」という批判的なメッセージは伝わってしまいました。Cさんは申し訳ない気持ちやわかってもらえないあきらめの気持ちでいっぱいになりました。

＊10　促した／Cさんに代わって警察官に気持ちを伝えた

被害を受け、深く傷つき、身も心もボロボロになっている相談者に「あなたが悪い」というメッセージでダメージを与えることを「二次被害」と言い、性被害に関してはかなり深刻な現状があります。Cさんも警察に助けを求めてやってきたのに、二次被害的な対応を受けたのですが、ありがちさんは、警察官に協力しようとする正義感から、促しや代弁という形で二次被害の強化をしてしまいました。たとえ相談者が「自分が悪い」と思っていても、「あなたは悪くない」と伝えることが必要です。

Cさんの行動を「なぜ、もっと早くに来なかった」ととらえるのか、「よくぞ、勇気をもって来てくれましたね」ととらえるのかでは、相談者に伝わるメッセージも価値観もかなり違ってくるのです。

エピソード④ 何もわかっていなかった

その日は結論を促さずに、しばらく猫の話や趣味の話などをして帰って行った。しかし、3日ほどたってからCさんから「被害届、出すことにします。よろしくお願いします」と連絡があった。

女性相談の担当者はまかせてもらってもよいとは言っていたけど、今後のことを考えても今回はCさんの支援を通じて、自分も勉強させてもらおうと思い、次の面談時に「Cさん、私も相談に同席させてもらっていいですか？ **いろいろ勉強させてもらいたい**[19]のです」と聞くと、Cさんは「ぜひ」と了解してくれた。どうやら加害者からまだ脅しめいた連絡があったり、自宅の近くをうろついたりしているらしい。そういえば、加害者の対策も必要だと女性相談の担当者が言っていた。Cさんは今でも押さえつけられた恐怖がよみがえり、悪夢にうなされているという。ベッドで眠ることができずにいすでうとうとする日が続いたらしい。被害直後は記憶がなくなり、知らないうちに見知らぬ駅にいたこともあるという。全身に力が入らず、食事もうまく喉を通らないそうだ。

学生時代に本でトラウマとかPTSDとか知識としては勉強したけれど、**何もわかっていなかった**[20]と思う。こうして、実際に問題に直面している人から教えてもらうことばかりだとつくづく思う。

*19　いろいろ勉強させてもらいたい

特定の専門分野の相談は専門家に任せてしまう方法もありますが、一度、同行などにより支援を経験してみると、スキルアップにつながります。特にインテークで出会う可能性のある虐待、DV、犯罪被害などについては知っておくことが重要です。専門家に同行し支援を実体験することで、二次被害への意識は高まり、潜在化してしまう課題にアプローチする感覚もつかめるでしょう。講演会や研修会、事例検討などの座学のスキルアップ方法もありますが、やはり実際の支援を通して相談者に向き合うほうが、はるかに学ぶことが多いものです。また、支援者が相談者への支援を通して学びを得るプロセスは相談者のエンパワメントにもつながります。

*20　何もわかっていなかった

いくら勉強をしても、対人援助の仕事には絶対的な正解もなければ、到達点もありません。いつもどうなるかわからない現実を受け入れ、自分たちのわずかな力が及ぶ範囲を探るような地味な作業の繰り返しです。何もわかっていなかったことを痛感しながらも、相談を通し人は互いに学んだり気づいたりできます。そのプロセスがソーシャル・アドボカシーと言えるのです（第1章の「まとめ」を参照）。

お悩み相談　ありがちさん VS 朝比奈さん

ありがちさん　何でも相談だとわかっていても、気づくとどうしても、自分の専門分野に頼っていて、これでよいのかと悩んでいます。ほかにも支援の方法があるかもしれないのに、つい「型」にはめてしまいます。

朝比奈さん　何でも相談に何でも対応できる人材などは、どこにもいません。仕事の入口は特定の分野であることが多く、そこで身につけた知識や経験、考え方の枠組みが、その後の支援者に大きな影響を与えます。まず、何よりも、その点への気づきが大切です。

ありがちさん　気づいていても、どうしても偏ってしまうのは、なぜなんでしょうか？

朝比奈さん　得意領域の知識や経験があると、「支援の方法」以前に、アセスメントの段階から情報収集が偏ってしまうことがあります。そうすると、相談者の話を聞きながら頭のなかでは、一方的なプランニングが展開されていて、パズルのピースを集めるかのような質問になっていきます。頭のなかで勝手に働いていく思考自体を止めることはできませんが、アセスメントは支援者が「支援できること探し」をするために行うものではなく、相談者が自らを語り、自らを振り返り、今後の人生を見通すために行われるべきものです。自分の進め方に偏りがあるかもしれないと思えば、同僚や上司にフォローを求めたり、カンファレンスのなかでズレを確認するなど、意識的に相談の展開を客観視する機会を作る必要があると思います。これを意識的に継続したうえで、さらに自分の職場の枠だけにとどめることなく、地域の関係機関や広域レベルの研修会等にも積極的に参加することなどを通じて、知見を広げていくことが大切だと思います。

支援の振り返り

by なるほどさん

関係機関は、敵？　それとも味方？！

　相談支援において関係機関との連携は非常に重要な仕事です。特に「何でも相談」「分野横断的な相談」となると、既存のさまざまな支援機関などとコンタクトをとる場面が必須と言ってもよいでしょう。既存の支援機関から相談者が紹介されてやってくることもありますし、逆に紹介をすることもあります。紹介する場合には情報として「○○という機関があります」と伝える程度の場合もあれば、事前に電話などで問い合わせや確認をしたり（電話同行）、直接一緒に同行支援をすることもあります。

　実は相談を始めた頃、私は多くの関係機関によく腹を立てたり、がっかりしたりしました。例えば、よく内容も知らないのに安易に紹介してくる、相談者と同行しても冷たくあしらわれる、相談者に全く理解がなく二次被害的な対応をされるなどいろいろなことがありました。すでに何かしらのサポートを受けている場合に連絡してみると、しばしば相談者のことを最初から否定的にとらえたり、トラブルメーカー扱いをされたりすることもありました。

　その時は決まって「どうして、わかってくれないんだろう」「わかっていない」という気持ちでいっぱいになり、理解しない相手に原因があるかのように思っていたものです。そういう気持ちになるとますます連携はうまくいかなくなりました。

　しかし、相談者と一緒にあちこちの関係機関と付き合っていくなかで、自分にも大きな原因があることに気づきました。それは「関係機関ならわかってくれるはず、理解すべき」という勝手な期待や理想でした。つまり、関係機関の事情や特徴、限界などを理解、想像せずに、自分の立場の期待や理想を描き、そこから外れたことにイライラしたり、落胆したりしていたのです。経験を積み、関係機関のことを理解するようになってから、「だから、あの時こんな対応だったんだ」「言っていたことはそういう意味だったのか」などとわかるようになりました。

　関係機関が最初から味方である、味方であるべきという期待からスタートするのではなく、相手を理解、尊重することが大切です。そのうえで相談者の権利擁護を軸に、必要な説明をしたり、協力を仰いだり、交渉をしたりするプロセスが重要と感じています。

　そのプロセスを相談者と共有できれば、結果として関係機関で門前払いになったり、怒られたり、協力を得られないという結果になっても、次に進むヒントや知恵を得ることができます。その経験が相談者との連帯を強くすることもたくさんありました。関係機関を味方にするのも敵にするのも、自分次第だと思っています。

コラム3　支援する人が陥りがちな穴

相談者の欠点しか見えなくなっているとき（その1）

　事例検討をしていると、支援者がその事例の相談者の欠点をあげつらねていくということがあります。その事例でだいぶ苦労があったのだろうと思うのですが、やはり要注意です。人間は、相手との関係で壁にぶつかってしんどくなって、どうしたらよいかわからなくなると、相手を貶めることで自分を守ろうとします。これは人間がバランスを取るための無意識の感情の動きなのかもしれません。ソーシャルワークの場面では、そのような感情の動きが起きてきたときに、支援者自身がそのことに自分で気がつくことができるかどうかが問われます。

　相談者が話し合ったとおりに行動してくれなかったり、約束が守られなかったり、相談者から怒りを向けられるということもしばしばあって、支援者はだんだんと疲れてきます。コミュニケーションというのはラテン語ではコミュニカーレといって、「分かち合い」という意味だそうです。分かち合いですから、相談者が支援者の思うとおりに行動してくれなかったというのは、相談者の側にそんなつもりがなかったということも多くあります。約束も似たようなものです。支援者が一方的に約束させただけなのかもしれません。怒りを向けられるというのは、相談者本人にとっては訳のわからない質問をされて、何を答えたらよいかわからないから「キレて」しまったのかもしれません。わからないことを悟られたくないから怒ってみたり、席を立ったりということもよくある話です。

　わからないことに対しては、不安や焦燥感、羞恥心等、ネガティブな感情が付きまといます。人間にとって知らないことを話すよりも、知っていることを話したほうが楽ですし、「わかりません」と言うより「わかります」と答えるほうがスムーズなのです。「わかりません」「教えてください」ということには、勇気と一定の能力が要求されます。支援者はそういうことを相談者に要求しているのです。そのことに気づけないと、多くの場合、相談者がわからないのは、伝えた支援者の側ではなく受け取った相談者の側のせいにされてしまいます。そして、相談者は支援者の信頼を裏切った、支援をする価値のない人にされてしまうのです。

（朝比奈）

事例 4

どこに相談すればよいのだろう
―性同一性障がいの子を持つ父親―

> **相談者** D（48歳・男性）
>
> - 家族構成：妻と、中学と小学校に通う二人の子との四人暮らし。中2の子は性同一性障がいの診断を受けている。
> - 相談につながった経緯：教育委員会を含む、さまざまな相談機関に相談しているが問題が解決せず、こじれるばかり。虐待ということでもなく児童相談所につなぐ相談でもないため、生活困窮相談の窓口が新設されたことを機に、教育委員会から紹介を受けた。

✓ Dさんの状況

子どもの性同一性障がいについて学校へ理解を求めているが、対応に納得がいかずに、相談を繰り返している。仕事もしておらず、経済的に安定していないようだが、子どもの学校のことでそれどころではない。

✓ 家族の状況

中2の子どもが性同一性障がいでいじめもあり、不登校。先生は何とか登校させようと促すがそれもつらい。また、両親が学校といつももめているのも悩みの種。

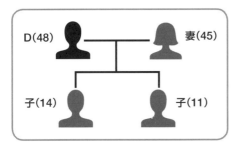

- 経済状況は不明
- 子どもの学校の諸経費を払っていないのに、就学援助費の手続きもしておらず、生活状態に不明な点が多い。

4-1 やっぱり、相談は対象がはっきりしているほうがよい

ありがち支援事例

支援員 有勝　四郎（62歳・男性）

自分のこれまでの就労支援の経験が活かせるこの仕事は天職だと感じるほどです。最近も引きこもっていた未就労の若者を就職につなげることができて、手応えを感じています。一人ひとりにあった対応をして、納税者になれるよう支援を目指したいと思っています。

- キャリア教育系の企業から退職後、ハローワークの非常勤職員をしていたところを、生活困窮の相談支援員の誘いを受け、転職して1年ほど。

- 非常に仕事熱心で知らないことへの好奇心や向上心があり、積極的に勉強会などに出向いたりする。人当たりもよく、多趣味で仕事の人脈よりプライベートのほうが多いほど。周囲に評価されたい気持ち、自分の仕事に対するプライドがあり、否定されたり、非難されたりすることにはナーバスになってしまう面がある。

CONTENTS：4-1　ありがち支援事例

エピソード①	聞きっぱなし	78
エピソード②	対応はこれでよさそうだ	80
エピソード③	あんたでは話にならない	82
エピソード④	何でも断らない相談だから、こんなことになる	84
お悩み相談（ありがちさん vs 朝比奈さん）		86

4-2 水面下に潜んでいた生活困窮
―回り道をしたけれど…―

支援員 鳴程　たつき（37歳・男性）

だめもとのチャレンジだったけど、転職してよかった。記録は本当に苦手だし、わからない専門用語はまだまだあるけど、いろいろな人たちの人生が聞けるのは楽しい。自分ができないのはわかっているから、遠慮しないで誰にでも聞こうと思っている。

- やんちゃな中学時代を過ごし、高校に進学するも意義を感じず中退。建築現場の仕事で現場監督をするまでになった頃には、仕事が先細り、将来に不安を感じるようになる。転職を考え、福祉関係の知り合いに相談したところ、人柄が買われ相談支援員になり1年ほどがたった。

- 物おじせず、フラットな人間関係作りをする。福祉や支援の経験がないので常識にとらわれない柔軟な発想が持ち味ではあるが、基礎知識があまりにもないため、関係機関や相談者から軽くみられることもある。

CONTENTS：4-2　なるほど支援事例

エピソード❶	直観的に試されていると思った	79
エピソード❷	なぜかちょっと楽しみ	81
エピソード❸	試すような発言も少なくなった	83
エピソード❹	課題を整理してみると、生活困窮にたどりついた	85
支援の振り返り（by なるほどさん）		87

エピソード❶ 聞きっぱなし

「ここは、生活について何でも相談できるって聞いてますけど、間違いないですよね?」そう、確かめるような言葉からDさんの相談が始まった。服装も雰囲気もしっかりしている夫婦だと思った。何の相談なのだろうと思いながら、まずは断らないという趣旨は徹底しようといつも聞いていたので、「はい、どんな相談でもまずはお聞きします」と答え、名刺を渡して自己紹介をした。名刺を見ながら「ありがちさん、ずいぶんとベテランですね。この仕事は長いんですか? 前は何の仕事をしていました?」と**聞いてきた**[*1]。いつもの相談と雰囲気が違う。「あ、前はハローワークで相談をしていました」ととりあえずは答えると、「ああ、ハローワークですか。だったら、知らないですかね。うちの子、性同一性障がいで困っているんですよ。知ってますか? 性同一性障がいって、今は『性別違和』って言うようになったんですよ。別に障がいって、悪いことをしているわけじゃないし」意外な相談内容に戸惑うが、**口も挟めずに聞きっぱなし**[*2]になり、とりあえず「そうですね」と聞くことにした。聞いたことのない言葉もあったが、**尋ねることもできず**[*2]に、黙って聞くことにした。

*1 聞いてきた

相談時に相談者から支援者の個人的なことについて質問されることもあります。一般的なセオリーとして個人的な話は極力避けるべきという意見もあり、安易に自らについて情報提供することはリスクもあるでしょう。しかし、適度な支援者の自己開示が信頼関係や安心につながることもあります。重要なのは相談者の質問の意図をアセスメントし、必要性や意図をもって自己開示することです。聞かれるままに答えることは避けたいものです。

*2 口も挟めずに聞きっぱなし／尋ねることもできず

相談においてじっくり聞くことは大切ですが、知らないうちに「聞かされる」状況になってしまうことは似ているようでまったく異なります。口を挟もうと思っても挟めない、あるいは質問もできないなど、支援者が自分の言動をコントロールできないようなときには特に要注意です。相談におけるコミュニケーションは相談者、支援者どちらにも主導的になりすぎずに、対話を進められるよう、状況や関係性の把握、確認をしていくことが求められます。

特にDさんのように操作的な関係作りをしてくる場合には、気を配りたいものです。ポイントは支援者が相談の場面で自分自身をコントロールできているかどうかです。

エピソード① 直観的に試されていると思った

by なるほどさん

「ここは、生活について何でも相談できるって聞いてますけど、間違いないですよね？」確かめるような言葉から相談が始まった。ちょっと違う雰囲気を感じながらも、「はい、間違いないですよ。まずは何でもお聞きします」と伝えた。「中学生の子のことなんだけど。なるほどさん、子どもはいます？」と聞いてきた。「いいえ、子どもはいません」と答えると「あぁ、そう。じゃあ、独身ですか？」とさらに聞いてくる。「はい、独り者です。バツイチですけどね」と笑って答えた。「そうですか。じゃあ、親の気持ちはわからないかもしれませんね」と言う。**直感的に試されていると思った**[*11]。何のために何を試しているんだろう？と思いながら「そうですね。相談をしていても気持ちはなかなかわからないものですよ」と**あえて気にせず**[*11]に答えた。

「うちの子、性同一性障がいで学校でひどいいじめを受けたんですよ。知ってます？セクシュアル・マイノリティのこと」と聞いてこちらの反応を待っている。「**いえ、ほとんど知りません**[*12]。でも、ここでDさんに**会ったのはラッキー**[*13]でした。知らないので教えてもらえますか？」と伝えると「何も知らないのに何でも相談なんて信じられない」と言いながらもいろいろと教えてくれた。時間はかかったけれど、わからないことは質問をしながら話を聞いた。

＊11　直感的に試されていると思った／あえて気にせず

相談支援の仕事は専門知識や支援経験が影響する部分もありますが、「対人」という意味ではそれまでの人生における家庭や職場、友人など通常のさまざまな人付き合いの蓄積も活用されます。なるほどさんは支援経験はあまりありませんでしたが、それまでの人付き合いの経験から直感的に「試されている」と感じました。そのうえで、動揺せずに、Dさんの人柄、人物像に迫り、その背景を見つけようと関わりました。なるほどさんが自分の言動を自分でコントロールできたことがポイントです。

＊12　いえ、ほとんど知りません

相談支援において「率直である」ことは大きな力になります。特にわからないことはわからない、教えてくださいと言えることは相談者との共同作業を促してくれます。

＊13　会ったのはラッキー

相談者に「会ったのはラッキー」と言うのはフレンドリー過ぎると思うかもしれません。しかし、それぐらいの対応がその後のやりとりにつながりました。ただし、これはこういう人に対して、こう対応すべき、こうしたほうがよいというハウツーではありません。この時のDさんという相談者に対して支援者の個性と直感的な見立てが総動員された対応と言えます。相談の対応はいつも生身の人間同士のリアルなやり取りの連続です。正解やハウツーがあるわけではないことを覚悟しましょう。

第2章 事例解説（ありがちな支援／なるほどの支援）

エピソード❷ 対応はこれでよさそうだ

by ありがちさん

　そのまま黙って聞いていると、相談はすぐに学校の話になった。子どもが学校でいじめられたらしく、学校の対応がよくないようだった。「今は、結局不登校です。不登校なのに給食費を払えって言うんですよ！　食べないってわかっているわけだし、止めてくれと頼んだのですよ」「そしたら、教頭が『いつでも来れるように』とか言って、止めてくれないもんだから…」と**怒り出す**[*3]。それからしばらく学校の先生、教育委員会の対応について**クレーム**[*3]が続いた。どこか話が一方的な気がするが、確かに学校や教育委員会の対応もまずそうに感じた。

　「ひどいと思いませんか？　私の言うこと間違ってますか？」と**聞かれたので**[*4]、「そうですね。ひどいですね。間違っていないと思います」と伝えると「そうですよね！　学校や教育委員会なんて勉強を教えるだけで、相談はだめなんだよ。ね、そうでしょう？」と言われ「そうですね」と答えた。「やっぱり、そう思いますか。話がわかる人でよかった」と身を乗り出してきた。対応はこれでよさそうだ、少し**ほっとした**[*5]。

　生活困窮に関する相談ではなさそうだし、性同一性障がいの問題は自分ではまったくわからない。でも、いじめや不登校で苦しんでいる子どもを放っておけないし、まずはもう少し話を聞いていこう。結局、その日は3時間ほど話を聞いた。「また、来ます」とDさんは上機嫌で帰って行った。

＊3　怒り出す／クレーム

　時には怒りや批判的なメッセージが多く含まれる相談を受けることがあります。たとえ、自分が直接怒られたり、批判されていないことであっても、そうしたメッセージを受け続けることは負担になったり、ダメージとなります。まずは、自分がそうした場面に強いか弱いか把握しておく必要があります。

＊4　聞かれたので

　ありがちさんはDさんの支援者への否定的なメッセージを浴びて、自分もこうして攻撃されるのではないかと不安になっていきました。そして、無意識にDさんの話に迎合していきました。さらに「ね、そうでしょう？」と同意を求められ、ためらいなく「そうですね」と答えてしまいました。こうした迎合は、特に関係作りが難しい相談者に対応する場合には顕著に現れます。

＊5　ほっとした

　このほっとした気持ちにありがちさんが主体性を失っている状況が表現されています。ありがちさんはもともと周囲の評価や反応を気にするタイプだったので、Dさんの反応がとても気になっていました。自分が批判の的にはならないことが確認できてほっとしました。また、正義感が強いことから、いじめを受け、学校に行けなくなっている子どもを助けたい気持ちもわいてきました。このように、相談場面には専門知識やスキルよりも支援者の個性や対人の傾向が大きな影響を与えることがあります。特に関係作りが難しい相談者に対応する場合に非常に重要になります。

エピソード②　なぜかちょっと楽しみ

　数日後、Dさんがまた相談に来たのが見えた。別の職員が対応して、センター長と自分に「前のなるほどという支援員は素人すぎるから、ほかの人にしてくれって言っていますが」と言いにきた。センター長が「今から対応できそう？」と聞いたので「はい、全然大丈夫です」と答えると、「じゃあ、『ほかの人はいないから』と言って対応してきてくれる？対応に**困ったらすぐに相談**＊14してね」と言われた。なぜか**ちょっと楽しみ**＊15になってきた。

　Dさんのところへ行くと「違う人にしてくれって言ったんですけど」と不満たっぷりに言われたが、「あいにくほかの者はみんなほかの業務で対応できなくて。そんなこと言わずに僕に受けさせてくださいよ。この前、相談を受けた後いろいろ調べました。LGBTのこと」と言って、相談室に促すとあきらめてくれた様子で席に着いた。

　実は、前の相談の時から、**子どものことがずっと気になっていた**＊16。相談では父の個性や主張がクローズアップされているけれど、実際に子どもたちはどんな生活をしているのだろうか？　いじめや不登校のうえ、これだけ個性の強い親と一緒となるとけっこう大変だろう。まずは、両親と仲良くなって子どものニーズにたどりつかなくては、そう思ってできるだけ話題を子どものことに向けるようにした。

＊14　困ったらすぐに相談
　ここの職場はセンター長が支援者や相談者の個性を見極めて、どんな対応が必要かよく考え、バックアップ体制もあるようです。支援者が困ったときにすぐに周囲に助けを求められる環境が一人ひとりの支援者の力を引き出します。その力が相談者にも伝わるのです。

＊15　ちょっと楽しみ
　センター長をはじめとした職場のチーム力を実感できる安心感があるからこそ、普通ならマイナス思考になるような局面も楽しみに感じることができました。その結果、対応の際にも冷静に考えたり、状況を見立てたりする余裕ができました。もともと型破りな個性の持ち味がさらによい味を出して、Dさんとの関係作りに役立ちました。

＊16　子どものことがずっと気になっていた
　本人が目の前にいない状態で家族から相談を受けることもよくあります。そんな時、誰の支援をしているかわからなくなることがあります。とりあえずは相談に来た人に対応しますが、その内容から相談の主人公がほかにあると思われる場合にはそこにどうコンタクトをとるか、いつとるか、あるいはとらないのか、考えておく必要があります。
　相談している家族の話題は相談に直接来ている人と支援者とがもっとも自然に共有しやすい話題でもあります。そこに戻ることで支援が展開することも当然の流れと言えます。

エピソード❸ あんたでは話にならない

翌週にDさんが2回目の相談に来た。来るなり私の姿を見つけて、にこやかに手招きをする。「この前は、たくさん時間をとってもらって申し訳なかったね。LGBTのこと全然知らないっていうから、心配したけどね。今日もまた相談にのってくれるかい」と言う。**1時間後に別の相談の予約***6があるけれど、この前のつながりもあるし、**せっかくの指名***7だから、短めにしても受けてみよう。

相談室で話が始まった。ほぼ、前回と同じ話が始まった。これはまた時間がかかりそうな気がする。次の相談もあるし、何とか話を展開させなくてはと焦りが出てきた。

何度も同じ話が繰り返されるので、「その話は、以前にもお聞きしましたよ」とやんわりと伝えるとDさんの**表情がさっと曇る***8のがわかった。下手に口を出すのはよくないと焦る気持ちだけが募るが、何もできずに時間だけが過ぎていった。次の予約の相談時間が迫ってきた。

「予約の方が来ましたよ」と同僚が呼びに来た。「すみません。次の予約の時間になってしまいました。別の支援員に交代するか、次回の約束をしませんか？」と伝えると、「何？次の予定があるなんて聞いてないね。時間が決まっているのに先に言わないなんて、常識ないんじゃないの？」と口調が変わった。謝る言葉をさえぎって「もう、あんたはいい、話にならないから、上司呼んできて」とDさんは強く言った。

*6　1時間後に別の相談の予約

時間の制約がある場合には、それを事前に伝え、確認をすることが必要です。たとえ、制約がなくても時間の目安や見通しをもって相談をすることは大切です。相談時間は支援者と相談者が時間をシェアするものですから、両者の都合や希望を確認し合うプロセスを大切にする姿勢が求められます。

*7　せっかくの指名

相談者の意見や希望を尊重することと、言われたままにすることは異なります。特に、支援者の指名は支援者の「認められた」「求められた」という自尊心をくすぐる傾向があり、安易に受け入れがちになります。しかし、指名の目的や必要性を見極めて、必要に応じてそのまま聞き入れるか、別の対応をするか支援者として判断ができることが大切なのです。

*8　表情がさっと曇る

相手の反応に過敏なDさんは、ありがちさんの焦りや不自然な対応にすぐに気づき、表情に出ました。ありがちさんは支援における必要性よりも、言いにくいとか怒られるのではないかという支援者側の都合を優先し、「時間が限られている」という大事な合意形成をしませんでした。その結果、あいまいで遠回しの対応をしてしまい、関係性の悪循環を引き起こしてしまいました。

相談者に振り回されたという話をしばしば聞きますが、そのきっかけは「支援者が伝えるべきことを伝えていない。わかるように説明していない」という単純なことから始まっていることが多いものです。

エピソード③ 試すような発言も少なくなった

　子どもの話題になると**表情が柔らかくなり、試すような発言も少なくなる**＊17。本当に子どものことをかわいがり、心配しているのが伝わってきた。Dさんはスマホを取り出すと、たくさんの写真を見せ始めた。「これ、うちの子。男前でしょう」と言いながら、次々と写真が出てくる。「あ、これ小学校の卒業式ね。服装は自由だったから、それがね、問題は中学校の制服なんですよ」**制服はジャージを着る**＊18ことが認められたそうだが、**トイレ、更衣室、整列の時などは戸籍上のままの扱い**＊18となり、結果として浮いてしまったらしい。多感な中学生のなかでそれではいじめのターゲットになってしまうだろう。

　「それは、お子さん、つらいでしょうね」と自然に口から出てきた。Dさんはこれまでの子育ての苦労を語り始めた。Dさんはお子さんの性別違和で納得いかないことにぶつかるたびにそれに全力で立ち向かってきた。Dさんも**こんなにいつも全力だったら疲れ果てる**＊19だろう。「お父さんもお母さんもいろいろ大変だったんですね。こんなに一生懸命なご両親はめったにいませんよ」「でも、これだけ全力で立ち向かわれると**多くの人はビビって**＊19しまいますけどね」と伝えると、「そうかい？　そうか、だから先生にも逃げられるよね」というDさんに「一度、お子さんに会わせてください。そして、学校とも連絡を取らせてください」とお願いをした。

＊17　表情が柔らかくなり、試すような発言も少なくなる

　支援についてはいつも険しく厳しいDさんも子どもの写真の前ではすっかり親の顔でした。相談室で話をしている場面だけでは極めて限定的な側面しか見ることができませんし、ピンポイントの支援しかできません。

＊18　制服はジャージを着る／トイレ、更衣室、整列の時などは戸籍上のままの扱い

　LGBTについては近年にわかに注目され、報道等でもよく聞くようになりました。啓発の意味は大きいものの、メディア情報が先行してしまう弊害も懸念されます。「メンタルの人」「依存の人」のように「LGBTの人」という画一的な理解ではなく、実際の相談を通じて一人ひとりの困っていることやつらいこと、そして意見や希望に向き合うことで理解を進めていくことが必要です。

＊19　こんなにいつも全力だったら疲れ果てる／多くの人はビビって

　一般的にはクレーマー扱いされてしまうような状況も相談者目線で考えることで「全力で立ち向かってしまう」というとらえ方ができました。そうとらえることで、周囲の人がビビっていることをDさんにわかるように伝えることができたのです。このフィードバックがDさんの自分理解につながりました。これで関係性によい循環が回り始め、子ども、学校とのコンタクトも自然にとれました。

エピソード❹ 何でも断らない相談だから、こんなことになる

by ありがちさん

結局、センター長が3時間対応したが、納得いかないと不満を言いながら、その日は帰って行った。帰った後、**センター長に呼ばれ**[*9]、経緯を説明することになった。

センター長は「どうして、うちに関係ない相談を受けたのか？」「初回にそんなに親切に話を聞くから、相手が期待するんだよ」「何か、おかしいとは思わなかった？」などと言う。いつも「どんな相談もまずは断らない」「初回面談の関係作りが大事」と言っているのはセンター長なのに…**そう理不尽に思うが、何も言えなかった**[*9]。

その日はずっともやもやしていた。何が間違っていたのか、Ｄさんはまた来るだろうか、今度来たら、どうしたらよいだろう？

夕方に教育委員会から電話がきた。Ｄさんが、**こちらの相談についてクレーム**[*10]を言ってきたらしい。「学校や教育委員会は相談のプロじゃないから、相談してもしょうがないと助言されたと言っています」「Ｄさんの話を真に受けたんですか？ コミュニケーションが難しい方だと理解して対応してもらわないと」とやんわりと非難された。

電話を切った後にセンター長からまた呼ばれた。また、チクチクと言われるのだろうか。これまでだって難しい相談がきても人に頼らず、自分なりに対応してきたのに。何でも断らない相談だから、こんなことになる。やっぱり、相談は対象がはっきりしているほうがお互いによいと強く思った。

＊9　センター長に呼ばれ／そう理不尽に思うが、何も言えなかった

相談支援において職場のチームワークは非常に大きな影響を与えます。お互いの支援について意見交換ができない職場の相談員が相談者に対しても対等な関係作りができないのは当然と言えます。まずは職場環境から考える視点は重要です。

＊10　こちらの相談についてクレーム

人のコミュニケーションや記憶、認知は実にバラエティに富んでいます。同じ場面を共有しても、一方が理解したことと他方が理解したことは違っているかもしれません。もちろん、記憶や意味もそれぞれ違います。言ってみればいつも「ずれている」のです。関係性のよいときはその「ずれ」は問題になりません。しかし、ひとたび関係が悪化するとその「ずれ」はものすごいパワーをもって認識の違いや批判になって表現されます。相手の言葉に相槌を打っただけのことが、支援者が直接そう言ったことになるような「ずれ」はいつでもあり得ます。相談者にとって、実際に何があったかの事実よりも、自分がどうとらえたかという認識のほうが優先されることは自然なことなのです。

エピソード④　課題を整理してみると、生活困窮にたどりついた

　後日、お子さんにも会うことができ、できれば学校に行きたいということもよくわかった。学校と家庭とのコミュニケーションのサポートもやることになった。間に入ってあらためてわかったことは、**両者の想像以上のずれ**[20]だった。

　先生たちにとってDさんは脅威の存在になっていた。また、子どものことを考えない親という評価を受けていた。実際はそんなことはないのはDさんと関わればわかる。よく聞いていくと学校からDさんに必要なことはほとんど伝わっていないことがわかった。多くはDさんのオリジナルな理解や解釈によって違って伝わっていた。確かに**かなり個性は強い人**[21]ではあるけれど、誠実に付き合えば時間はかかるけどわかってくれるのに。支援者側の常識や考え方を押し付けられると全力で抵抗する特徴もある。学校とのやりとりの仲介役をしてそんな「ずれ」や「特徴」についてDさんとたくさん話をした。

　半年ほど継続支援をして学校との関係が落ち着きを見せたころ、**借金と生活困窮状態が判明した**[22]。子どものために全力で動いてしまうDさんは、ほとんど定職についたことがなかった。Dさんの親が資産家で援助をしてくれていたらしいが、1年ほど前から事情があって援助を受けられなくなり、そこからサラ金などから生活費を借りるようになったそうだ。散々回り道をしたけれど、結局は生活困窮が潜んでいた。

＊20　両者の想像以上のずれ
　たくさんの支援機関との関わりがあっても、なかなか相談がうまく機能しない人たちがいます。多くは人と協働関係を築くことが難しい相談者です。何でも相談、総合相談、分野横断的な相談はそうした既存の支援機関でうまくいかなかった人たちがたどり着く先としては自然な入口と言えます。もともと関係性を作ることが難しいことを前提に、既存の支援にはない支援が求められています。それは、困難な相談者を助けてあげる支援から、対等な関係性のもとに協働解決を模索する支援への転換と言えます。

＊21　かなり個性は強い人
　Dさんのような個性の強い人は精神科の病院に行くと何らかの病名や障がい名が付くかもしれませんが、単に病名が付いただけでは支援にはほとんど役に立ちません。しかし、強い個性の背景にある特徴や傾向を理解することは関わるうえで役に立ちます。関わりのなかでずれを感じるのであれば、そのずれを丁寧に確認していくプロセスが重要です。

＊22　借金と生活困窮状態が判明した
　生活困窮の問題をたどるとほかのさまざまな問題が出てくることも多くありますが、一見、生活困窮とは関係ない相談の背後、あるいはすぐ先に困窮の問題が潜在化していたり、浮上してくることもあります。生活困窮者の支援はそうした複雑な社会問題のこんがらがった糸を相談者と一緒に少しずつほどいていく作業とも言えるのです。

お悩み相談　ありがちさん VS 朝比奈さん

ありがちさん　相談を受けていると、時々、「苦手だなぁ」と思うタイプの人に出会います。朝比奈さんは、どんな人が苦手ですか？

朝比奈さん　わたしの場合は、「私って○○じゃないですか」という人です。

ありがちさん　案外、多いですよね。知人に、そのタイプの相談者には、「絶対、答えるもんか」と、極力冷めた対応をして、早めに飽きてもらうと言ってる人もいました（第4章参照）。
私の場合は、相談員を「試そう」とするタイプが苦手で、相談者のペースに巻き込まれたり、雰囲気にのまれたりして、支配されているような気持ちになることがあります。何かよい対処方法はないでしょうか？

朝比奈さん　私たちが感情を排して冷静に付き合うだけでは、相談者との関係が深まらないこともあります。傷ついた経験をたくさん抱えた相談者のなかには、私たちがどこまで許すかを無意識のうちに試そうとして、あえて私たちの怒りの感情を引き出そうとする行動に出る人もいます。孤立した状況にある相談者にとって、私たちの存在は相談者がこれから社会につながっていく窓のようなものです。その意味では、ここぞという場面では毅然として、誠実に、社会のルールを伝えることが必要です。ときに、ほとばしり出た思いがつい相手とぶつかり合ってしまったとしても、これはある意味チャンスです。相談者との間でその場面を率直に振り返ることで、これまでと違う関係へと発展していくことにつながるかもしれません。

事例4

支援の振り返り

by なるほどさん

「対等」とは？

「対等」が大切だと言葉で言うのは簡単ですが、支援の場面での「対等」は本当に難しいです。その理由の1つには、支援という関係性はそもそも「支援する側」と「支援される側」の役割分担が明確で、社会的な不平等が前提にあるからです。相談者の大多数は生活に困難を抱え、助けを必要としており、心身ともに疲れていたり、追い詰められたりと力が弱まっている状態にあります。それに対して支援する側は、職業として情報や知識などを提供する有利な立場に立っています。支援者が相当に意識しないと、相談者には「お世話になっている」「助けてもらう」という遠慮や後ろめたさもあり、言いたいことを言ったり、助言や提案を断ったり、拒否したりするのはかなり難しいものです。また、もともと対人関係作りやコミュニケーションが苦手で支援者との関係を築きにくい相談者も少なくないため、ますます対等な関係を作ることは困難になります。そのうえで、支援を受けた経験のある人から話を聞いてみると、総じて「対等は難しい」と前置きしつつ、次のようなアドバイスをくれました。

「対等には時間が必要。仕事ではない日常の時間や経験（食事や遊びなど）を共有することが重要だと思う」

「自分の置かれた状況や気持ちを想像してくれていると感じられたとき対等を感じた」

「支援者自身の気持ちや本音を話してくれると相手のことが理解できて対等に近づいているように思えた」

「『頑張ってください』『頑張ってますね』と励まされることは、頑張らないことを否定されている気がして、対等感がない」

「ほめられると、支援者の価値観（こうあるべき）を暗黙に押し付けられているので、対等ではないと思う」

「対等」＝「同じ条件になる」と考えるのであれば、援助関係において対等は実現しないのかもしれません。しかし、立場は違うとしても「お互いに尊重しあえる関係」として考えるのであれば、実現しようと努力することはできます。その努力は支援する側からの想像力や配慮から始まります。常に相談者の意見を聞いたり、言葉にならない気持ちを理解しようとしたりする姿勢も求められます。そうした努力は、相談者に対応することだけにとどまらず、関係機関との連携にも同じことが言えますし、普段の職場やプライベートの対人関係作りでもまた同じなのです。相談者との関係性に限定することなく、誰もが「お互いに尊重しあえる関係」を意識することは、生活に困難を抱えた人たちが暮らしやすい社会作りにつながっています。そういう意味で、「対等」を追究する姿勢は、支援者にとって重要なことと言えるのではないでしょうか。

コラム4　支援する人が陥りがちな穴

相談者の欠点しか見えなくなっているとき（その2）

　幼児期に虐待を受けた経験など悲惨なエピソードに接すると、支援者はこの人のために何とか力になってあげたいと気負ってしまいます。何か自分にできることがあればと。

　しかし、悲惨な被虐待経験なり、排除されたり抑圧された経験を持っていればいるほど、その人の心の傷は深くなっています。そして、支援者との間にある程度の関係ができてくると、相談者はこの人にならありのままをぶつけてもよいのかもしれないと、少し心の傷を垣間みせてくれることがあります。例えば、わざと嫌われるようなことをして関係を試したり、といったことです。そうすると、支援者の側は、あれほど力になってあげたいと思っていたのに、その傷の深さに怖気づいてしまって、自分の身を守るために相手を貶めるという習性が顔を出してしまうのです。

　支援者が無意識に自分の身を守ろうと思ったその気持ちが強く出ると、相談者に対する攻撃が始まります。事例検討や関係者会議のような場で、それは起こります。会議の参加者がそれに賛同しないときには、さらにその攻撃は厳しいものになります。「自分は悪くない」と叫ぶかのようです。そんな場面を目にすると、人間のエゴのようなものを感じます。自分の身を守るためには何でもする、それが人間なのだと思います。

　自分も生身の人間であり、自分のなかにもさまざまな感情が渦巻いている、そういう怖さや危うさがあるのです。だから、私たちは人の暮らしに関わる仕事をしている限り、どの現場にいても、振り返りを心がけなければならないと思います。

（朝比奈）

事例 5

支援者は「アクマ」がついている人ばかり
―仕事探しに奮闘中の外国人女性―

相談者 E（58歳・女性）無職

- 家族構成：一人暮らし。
- 相談につながった経緯：生活保護をやめると保護課に行った際にパンフレットを渡され、窓口に。日本語があまり得意ではなく、何とか会話が成り立つ程度。

✓ Eさんの状況

生活保護を受けるのは屈辱的なので受けたくない。自分は仕事ができると思っているが誰も仕事を紹介してくれず、生活保護ばかり勧めてくる。支援者は「アクマ」がついている人ばかり。支援者にかつて紹介されたフィリピンのコミュニティがあるが、あまり参加には気が進まない。

生活保護をやめてしまい、かなりの困窮状態。経済状況はかなり悪く、家賃も3か月滞納し、立ち退きの話もある。

✓ 家族の状況

同居の家族はいない。離れて暮らす近親者の存在は不明。

5-1 ありがち支援事例
一番の問題は、本人の理解不足？
―本人不在の多職種協働―

支援員 有勝 五月（45歳・女性）

これまでも地域に根差した活動をしてきたので分野横断的な相談にやりがいを感じています。特に地域作りの必要性に共感していますが、研修など学ぶチャンスが少ないのが残念です。

- 協同組合が運営する地域の支え合いサービスや保育サービス、介護保険サービス、若者サポートステーションなどの現場を経て、生活困窮者自立相談支援事業の受託を機に担当になる。

- 学生時代からクラスのまとめ役をすることが多かった。困っている人は放っておけない世話焼きタイプ。思春期を迎えた子どもたちから最近は余計なお世話と言われることもある。町内会やPTA活動、サークル活動などにも積極的で社会性が高い。

CONTENTS：5-1	ありがち支援事例

エピソード①　あっ、フィリピンの方だ	92
エピソード②　「知的障がいじゃないか」と思うんです	94
エピソード③　「連携して支援する必要」がある人	96
エピソード④　一番の問題は・・・	98
お悩み相談（ありがちさん vs 朝比奈さん）	100

一緒に生活保護の相談に行きませんか？

支援員 鳴程　なな（25歳・女性）

自分も仕事やメンタル面で悩んだので、その経験が相談には少しは役に立つかもしれないと思って採用試験を受けたのですが、まさか採用されると思いませんでした。人と話すのが得意なわけでもないけど、話を聞くのと事務仕事なら大丈夫そうかなと思っています。今は毎日がいっぱいいっぱいです。

- 大学を卒業して、一般企業に就職するも、パワハラにあってうつ状態になる。ほどなく退職し、その後、ほぼひきこもり状態にあったが、短期のアルバイトができるぐらい回復。相談支援員の募集を見つけ、就職し半年余り。

- 一見、おっとり、おとなしそう。実は人の好き嫌いや、譲れないことがある。そのギャップで人との関わり合いが苦痛になることもある。何かおかしいと思えるセンスは強みではあるが、一方でその気持ちをすぐには言葉にできず、苦しくなることもある。

CONTENTS：5-2　なるほど支援事例

エピソード❶	あんなふうに言えるなんて、うらやましい	93
エピソード❷	パソコンで一緒に検索	95
エピソード❸	いろいろな国の文化を紹介するイベント	97
エピソード❹	市民活動センターの職員からの電話	99
支援の振り返り（by なるほどさん）		101

エピソード❶ あっ、フィリピンの方だ

　パンフレットを握りしめて、Ｅさんが相談に来た。たどたどしい日本語で、身振り手振りも含めていろいろ話を聞くと、「フィリピンの方だ」というのがわかった。
　「わたし、仕事したいです」と繰り返している。「ハローワークには相談に行きましたか？」と聞くと「ハローワークはだめ。アクマがついている」と言う。悪魔がついているってどういうことなんだろうか？「ここでも働くことの応援はできますよ」と伝えると、「はい、私、働きたいです」と答えた。これまで働いたことはあるか聞いてみるとスーパーで働いていたことがあるそうだ。スーパーの仕事ならちょっとした知り合いがいるから相談にのってくれるかもしれない。「じゃあ、スーパーの仕事を探しましょうか？」と聞いてみた。
　すると「スーパーはもういいです。私はもうスーパーの仕事、いっぱいやったから、もういい。もういらない」と言う。**どうも話がかみ合わない**[*1]。
　履歴書は書けるのだろうか？「履歴書は書いたことがありますか？」と聞いてみた。「リレキショ？」と首をかしげる。これは、アルバイトも難しそうだ。いろいろと話しているうちに、外国人支援の団体と関わりがあることがわかった。
　これは、**渡りに船とばかりに**[*2]、団体について聞き出し、連絡をとることについて了解をもらうことができた。

＊1　どうも話がかみ合わない
　ありがちさんはＥさんの独特の発信に「おや？」と思いながらも、自分が基準とする会話にならないことで「かみ合わない」と思ったようです。実際にはＥさんは質問にご自身の考えを自分の言葉で答えています。ハローワークは「アクマがついている」からだめだし、スーパーの仕事は「いっぱいやったからもういい」のです。その独特の言い回しがどんな背景や感性、気持ちから生じ、何を表現しようとしているのか探ることがアセスメントと言えます。

＊2　渡りに船とばかりに
　言葉が通じない、コミュニケーションがうまくとれない場合には周囲からのアセスメントに頼りたくなります。しかし、アセスメントは言葉によるコミュニケーションだけでするものではありません。たとえ、言葉が通じにくい人であっても一緒に過ごすことでわかることはたくさんあります。言葉のやり取りを重要視しすぎ、安易に周囲からのアセスメントに頼ることは相談者理解を阻みます。

事例5

エピソード① あんなふうに言えるなんて、うらやましい

by なるほどさん

　パンフレットを握りしめて、Eさんが相談に来た。たどたどしい日本語で、どこの国の人なのか？　と思ったけど、**単なる私の好奇心**＊11。チャンスがあったら聞いてみよう。

　日本語があまり得意ではないけど、「仕事がしたい」という話だけははっきりと何度もする。私も仕事ができないとき「仕事がしたい、仕事しなくちゃ」って思っていたのを思い出した。でも、Eさんは**どうして仕事がしたいのだろう**＊12。そんなこともじっくり聞いてみたいし、まずは仕事探しに一緒に行ってみようと思って、「一緒に仕事を探しに行きませんか？」と誘ってみた。「はい、お願いします」と快諾してくれた。半年前にはよく行っていたハローワークに同行した。

　ハローワークの窓口に相談に行くと、ベテランの担当者が対応してくれたが、威圧的で私まで怒られているような気持ちになってしまう。Eさんも当然感じたようで、「あなた、だめですね。アクマがついています」と言った。窓口の担当者は明らかに不愉快な表情になり、「あなたに仕事は無理ですね」と言った。想像しない展開にびっくりしたが、Eさんが嫌な思いをするのも無理はない。自分ならあんなことはとても言えないと思い、少し心がスカッとして、思わずEさんに、「あんなふうに、はっきりと意見が言えるのはうらやましいです」と**言ってしまった**＊13。

＊11　単なる私の好奇心

　何かを知りたくなったときに、どうして知りたくなったのかに気づけるのは支援者にとって強みと言えます。なるほどさんは、アセスメントではないことに気づいたので、その疑問を少し自分のなかにとどめておくことができました。アセスメントをする自分を俯瞰する視点は大事にしたいものです。

＊12　どうして仕事がしたいのだろう

　ある人が「仕事がしたい」といっても、実にいろいろな理由や背景が含まれることが想定されます。なるほどさんは、「仕事がしたい」というEさんの真意を知ろうとして、まずは「一緒に仕事を探す」という行動に出ました。ほかの支援者がこれまで先にEさんは仕事ができるかどうかを確認しようとした結果、仕事は難しいだろうと思ってしまい、一緒に動くチャンスを失っていたこととは少し違います。

＊13　言ってしまった

　相談者とともに動くことは、相談者のいろいろな顔を見つける貴重な機会になります。一緒に威圧的な対応を目の当たりにしたからこそ、「アクマがついている」がどんな気持ちでどういう意味が込められているのか、五感で受け取ることができました。支援者から「アクマがついている」と言う人だと伝え聞く情報と、実際にEさんとともに動いて発信したのを聞いた体験では感じ取ることや理解の深さは全く違います。

　だからこそ、率直なEさんの姿になるほどさんは魅力を感じ、思わず「うらやましい」と言ってしまったのです。

エピソード❷ 「知的障がいじゃないか」と思うんです

by ありがちさん

　外国人の支援団体にさっそく連絡をとった。「あ〜Eさんですよね。わかります、わかります。**困った人なんですよ**＊3」という反応が返ってきた。やっぱり、支援団体も困っていた様子だった。

　Eさんの生活背景が少しわかってきた。これまでもたびたび生活費がなくなり、周囲に相談することがあったらしい。そのたびに生活保護を受けるけれど、すぐに関係がうまくいかなくなり、決まって「**アクマがついている**＊4」といってやめてしまうそうだ。支え合いのつながりを作ろうと、支援団体がフィリピン人のコミュニティも紹介したが、なかなかなじめず、サークル活動などに誘うもすぐ対人のトラブルを起こしてしまう。

　「**知的障がいじゃないか**＊5と思っているんですよ」と支援団体のスタッフが言った。英語で心理判定やIQの検査をしてもらうことは可能だろうか？　と相談を受けた。すぐにはわからないので、障がい福祉に詳しい人に問い合わせてみることを約束した。いろいろなつながりがあって本当によかった。支援団体と連携しながら、福祉サービスの利用を含めてサポートしていく方向性を考えよう。支援団体につながっていてよかった。本人からはなかなか話が聞き出せなかったので助かった。やっぱり連携は大事だと思う。

＊3　困った人なんですよ
　支援者が「困った人」表現するときには支援者が対応に困っていることが多いものです。困っている関係機関から二次アセスメントをすると、マイナスな情報が多くなってしまう傾向があります。だからこそ本人と関わりを持ち、本人のニーズを確かめるプロセスが必要になると言えます。

＊4　アクマがついている
　この表現はEさんにとって象徴的な表現のようです。自分が望まない支援を受けたときに使っていることから推測すると「私はあなたの助けを望んでいません」という意思表示と理解できます。通常は使わない表現のため理解されにくいでしょう。また、相手を評価するような言い回しなので支援者に受け止められにくいかもしれません。しかし、ある意味、非常に端的で明確なので、わかりやすいとも言えます。

＊5　知的障がいじゃないか
　ありがちさんは支援団体の話を聞いて、すぐに障がい福祉に関する情報収集を買って出ました。しかし、Eさんとは実際に会っているわけですから、支援者としての見立てがあるはずです。この場面で、支援団体がEさんのどんな様子から知的障がいだと思ったのかを尋ねるなど、見立てについて意見交換や確認ができれば、アセスメントは深まったはずです。

エピソード② パソコンで一緒に検索

ハローワークからの帰り道、聞きたかったことを聞いてみた。フィリピンからダンサーとして日本に来たらしい。私は外国に一度も行ったことがないので、フィリピンのことや日本に来てどう思うか、聞いてみた。いろいろ話してくれた。**相談のときはあんなに話が通じなかったのに**＊14、普通の話題だとこんなにも話せるのかとびっくりした。

すぐに仕事は見つからないかもしれないけれど、基金訓練（現：求職者支援訓練）ならどうだろう？　と思った。就労支援で資格も取れたりするし、給付金がもらえたら、お金の問題も少しの間だけど助かる。説明が難しかったが、何とか説明、提案してみると興味を持ってくれた。Ｅさんは携帯もパソコンも持っていないので、インターネットを気軽に使える**市民活動センターに一緒に行く**＊15ことにした。パソコンで一緒に検索して、基金訓練について調べた。すぐに始まるコースをいくつかピックアップして希望を聞くと、パソコンの勉強がしたいとのこと。養成校に一緒に連絡をして、事前面接を受ける予約をした。

帰りがけにパンフレットやイベントが紹介されている情報コーナーによって、ポスターを見ていると、市民活動センターの職員が話しかけてきた。

＊14　相談のときはあんなに話が通じなかったのに

どうやら、Ｅさんは必ずしも日本語のコミュニケーションに困難があるとは言えないようです。コミュニケーションの質はその人の資質の影響も受けますが、環境の影響も多く受けます。リラックスしたり、楽しかったり、信頼できる人がいたりして話すのと、怒られるかもしれないと緊張したり、批評的な目でみられたり、自分が望まない話をするのでは全然違うことは支援者自身に置き換えてもよくわかります。

話が通じない、コミュニケーションがうまくいかないと思ったら、環境のチェックと環境整備の方法を考えてみましょう。

＊15　市民活動センターに一緒に行く

ハローワークの次は市民活動センターにも一緒に行きました。相談者との協働、共有という意味では非常に有効です。しかも、困っている人を助けるような支援機関ではなく、普通の誰でも行けるところに一緒に行くことは次の展開に向けてたくさん材料が得られます。

パソコンで調べ物を一緒にすれば、パソコンがどれくらい使えるかがわかります。一緒にご飯を食べれば好みや食生活、食習慣などがわかります。そうした時間を通して、対人の特徴や性格、苦手なことや得意なこともみえてきます。そして、相談者に支援者のことを理解してもらうよい機会になります。

エピソード❸ 「連携して支援する必要」がある人

by ありがちさん

　支援団体からの情報を踏まえて、障がい福祉サービスの利用の可能性や手続きなどを調べ、Eさんに伝えることにした。電話も持っていないため自宅を訪ねることにした。チャイムを押すと、Eさんが出てきたが、**玄関先までしか入れてくれなかった***6。説明をし始めると、**「大丈夫」***7と言って、切り上げられてしまった。やっぱり、難しい話はわからないのだろうか。サービス利用など、これからの支援の手続きを進めるのはちょっと厄介そうだ。そういえば、以前から何度も生活保護を受けていたということなので、保護課や民生委員が力になってくれるかもしれない。話を聞きに行ったほうがよさそうだと思い、役所へ連絡してみることにした。

　担当のケースワーカーから、意外なことがわかった。実はまだ保護は廃止されていなかったのだ。民生委員にも連絡を取ってみた。ケースワーカーも民生委員も口をそろえて、Eさんは難しいんですよねと言う。前は受給中に連絡なしにフィリピンに突然帰ってしまい、連絡が取れなくなることもよくあり、指導をすると、「保護はいりません」となってしまう。

　ますます関係機関が**連携して支援する必要がある人だと確信したが、問題はどうやって支援につなぐか***8だ。まずは、関係者でケース会議をすれば情報共有もできるし、今後の見通しも見つかるだろう。そう思って調整にとりかかった。

*6　玄関先までしか入れてくれなかった

　相談者の支援者への態度には、いろいろな気持ちや意思が込められます。それをとらえることは大切なアセスメントになります。ただし、支援者への態度の意味を突き詰めていくことは、支援者が自分自身について振り返ることになるため、きついこともしばしばです。しかし、そこを避けて相談支援はできません。相談者への見立ては自らを振り返る機会であることを理解しておきたいものです。

*7　「大丈夫」

　この「大丈夫」も気になるところです。何が大丈夫とEさんは言っているのでしょうか？　また、大丈夫という言葉通りの意味で言っているでしょうか？　人は実に多様に言葉を使います。同じ言葉を使っていても、全然違うことをイメージする場合もあります。支援団体、ケースワーカーや民生委員など周囲から聞く心配な状況とEさん本人の「大丈夫」という言葉にはかなりのギャップがあります。このギャップから何を読み取り、支援にどう活かしていくのか考えたいものです。

*8　連携して支援する必要がある人だと確信したが、問題はどうやって支援につなぐか

　ありがちさんは「連携が必要」と見立てましたが、その連携にはEさん本人の存在や役割は描けていませんでした。連携はとても重要ですが、あくまでも本人のための連携であることを忘れてはいけません。

エピソード③ いろいろな国の文化を紹介するイベント

　市民活動センターの職員はEさんがフィリピンの人だと知ると、センターで毎月やっているイベントにぜひ、来ないかと誘ってくれた。いろいろな国の料理や文化を紹介するイベントで、紹介してくれる外国人を探していたらしい。実はEさんは料理が得意だということがわかって、喜んで協力することになった。Eさんは、**本当にうれしそうで、よい表情***16 をしている。なんだか私も楽しくなってきたので、イベントには一緒に行ってみることにした。ほかにも子どもたちに英語を教えるサークルなど、Eさんはいくつかの活動に興味を持ったようだ。

　市民活動センターはいつでも誰でも来られるところなので、気軽に遊びに来てくださいと声をかけてもらった。自分も就活中にハローワークにけっこう通ったけど、楽しくはなかった。こんなところなら自然に来てみたいと思うだろうなぁと思った。

　ハローワークと家の往復は本当につらかった。面接に落ちるたびに自分を否定されている気がした。ここならボランティアをしたり、**自分が役に立つチャンス***17 がある。引きこもっていた頃受けていたカウンセリングも実は嫌だったことを思い出していた。当時は行かないとよくならないと思って嫌だとは言えなかったし、言ってはいけないと思っていた。落ち込んでいるときに誰かに一方的に支援を受けるだけなのは苦しいのだ。

*16　**本当にうれしそうで、よい表情**
　文化や価値観などが違うことも孤立や周囲からの理解不足などの排除につながります。
　相談ではない話で、なおかつ自分の国の文化を披露したり共有したりするチャンスはEさんをたちまち元気にしました。相談者が求めている支援は「できないことを助ける」「助言や情報提供」などといった支援者による特別なものだけではなく、日常や生活のなかにある当たり前の人との関わりもまた必要としています。それはむしろ、支援者であろうとするとできなくなり、また、支援者一人の力ではできないことを理解すれば、自分たちが何をすべきか見えてくるでしょう。

*17　**自分が役に立つチャンス**
　なるほどさんは自分が支援される側だった時のことを思い出しつつ、Eさんの様子をみて、支援の本質に少し迫ったようです。課題点を手伝ってもらうというような受け身の存在から、自分ができることを発揮して自分が誰かの役に立つというような主体的な存在になる場面を経験することの効果は絶大です。
　また、その場面を相談する側とされる側が共有できれば効果はさらにアップします。それができるかできないかは知識や経験や理屈ではありません。25歳の新米支援員がこうした展開を提供できたのはなぜなのか、議論してみるといろいろなことに気づくかもしれません。

> **エピソード❹** 一番の問題は…

日程調整もうまくいき、約1週間後に**市役所でケース会議***9 を行った。これまでも関わりのある保護課のワーカー、民生委員、外国人支援団体、それから今後のことを考えて障がい福祉の担当も参加をしてくれた。まずはそれぞれが知っているEさんのこれまでの経過と情報を出し合い共有した。保護課が把握している情報としては、30年以上前にダンサーとしてフィリピンから日本へ働きに来ているときに店に客として来ていた男性と出会い、結婚をした。子どもも女の子が一人生まれたが、いろいろなことがあって、離婚。子どもは父親に引き取られたらしい。離婚を機に生活保護が開始されたが、時々、働くこともあって、保護もやめたり、再開したりしている。民生委員からは近隣との関係について話があったが、地域では特に目立ったことはなく、人付き合いも少ないため、あまり様子はわからなかった。外国人支援団体からは、保護をやめてしまったときにいつも食べ物に困るため、コミュニティの仲間が食べ物を持って訪問するが、迷惑そうに追い返すこともあるとのこと。あらためて、支援が難しい人であることが確認された。一番の問題は**Eさんが自分の置かれている状況を理解できず***10 に、必要なサポートを届けられないことだ。今後も情報共有し、連携しながら見守りをしつつ、サポートをすることになった。やっぱり、連携するのは大切だと思った。

*9　市役所でケース会議

ケース会議の場も本人の参加はありませんでした。また、この会議を開くこともEさんには知らされていませんでした。

こうした本人不在の会議は残念ながらまだまだあります。場合によっては、理由があって本人には言えない、言わないほうがよいこともあるかもしれません。その場合には理由を明確にして、その先に必ず本人も参加する連携につなげる視点が必要です。

また、ケース会議ではEさんのこれまでの経過が主に話されたようです。どういう道を歩んできたのかを知ることはもちろん大事ですが、これではEさんの気持ち、意見、希望はまったく見えません。相談支援は権利擁護と幸福追求のお手伝いと考えれば、本人の希望が出されないケース会議は支援以前の段階という認識をしなければなりません。

ケース会議は支援を有効にするための手段であり、目的ではありません。会議を開くことが目的になって、やったという事実だけで満足していないか立ち止まって考えることが必要なのです。

*10　Eさんが自分の置かれている状況を理解できず

ケース会議で共有されたのはそこにはいないEさんの「理解の不足」でした。それがある意味事実だとしても、理解ができないのはなぜなのか、また、理解不足を手助けする方法は誰がどう担うのかは話し合われませんでした。

職場や関係機関が支援を振り返るとき、それが本人についてあれこれ振り返る場にするのではなく、支援する側がどうだったか、関係性がどうなのか？　など、「支援者」や「支援」を振り返り、次につなげる場にすることが重要です。

エピソード④ 市民活動センターの職員からの電話

　一緒にイベントに行ってからは、ほかの仕事が忙しく2週間ほどEさんの家を訪ねることができずにいると、ある日、**市民活動センターの職員から電話**[*18]が来た。「突然、すみません。この前、名刺をもらったのでちょっと電話しちゃいました」実は、その後、Eさんがよくセンターに顔を出してくれるようになり、簡単な手伝いもしてくれて、とても助かっているとのこと。ただ、Eさん自身はかなりお金に困っている様子がみられるそうで心配で余計なお世話かと思ったけれど、電話をしてくれたらしい。

　基金訓練は面接でだめだったと聞いた。やっぱり生活保護しかないけれど、あれほどEさんが嫌がっていたから提案しても難しいだろうと悩んだ。数日後、時間がとれたのでEさんの家に行った。このままお金の問題が解決しないのは困るから、断られても構わないからとりあえず「一緒に生活保護に相談に行きませんか？」と誘ってみた。拍子抜けするぐらい**簡単に「はい、行きます」**[*19]とEさんは言った。

　すぐに一緒に窓口に行ってみると、実は保護は廃止になっていないことがわかった。あちこちうろうろする前にまずは保護課に連絡をとっておいたらよかったかな？　とちょっと反省もするが、市民活動センターの人ともつながったし、Eさんがこれだけ明るくなったのなら、**むしろよかった**[*20]のかもしれない。

＊18　市民活動センターの職員から電話
　連携だと特に意識しなくても、市民活動センターに同行したことで自然に連携ができていたようです。連携とは相談者にともに向き合うことで紡ぎ出されていく網の目のようなものです。自然にできた網の目はリアルタイムにEさんの困窮状態を見つけ出し、サポートへとつなげることができました。

＊19　簡単に「はい、行きます」
　Eさんは生活保護を拒否しているわけではありませんでした。Eさんだけではなく生活保護に拒否的な人は少なくありません。その場合に私たちは「生活保護がいやなんだ」と決めつけてしまってはいないでしょうか？　生活保護そのものよりも、そこに含まれる何かの要素が影響をしていて拒否的な場合もあり、その要素は人によって違います。そこを理解すれば、生活保護以外の方法や生活保護の活用のための準備、プロセスなど工夫はたくさんあります。

＊20　むしろよかった
　支援の結果の評価は難しいものですが、少なくとも相談者の満足度やQOLの視点は重要でしょう。また、一定の結果（就職した、サービスを使うようになった、家族関係が修復したなど）ばかり考えるのではなく、そこまでに至ったプロセスを評価できる視点を忘れずにいたいものです。

お悩み相談　ありがちさん VS 朝比奈さん

ありがちさん　相談支援では関係機関の連携がとても大切、とりわけケース会議が重要だと言われていて、これまでたびたび行ってきました。しかし、ケース会議を開いても、何かが起こるわけでもなく、「どこが重要なのか？」と、疑問に思っています。

朝比奈さん　「重要だと言われているから」会議をするのでは、会議の開催自体が目的化してしまって、結局、何のための会議なのかという疑問にぶつかるのも当然です。「どこが重要」の前に、まずは「何のために」を考えてみましょう。

ありがちさん　ケース会議の目的ですか…？

朝比奈さん　ケース会議の目的は、「その人（世帯）に関わる関係者が、①情報を共有する、②それぞれの役割を理解し、支援の方向性を一致させる、③顔の見える関係を作って、やり取りのずれを防ぐ」の３点に概ね整理できると思います。これらの目的の前提には、相談者その人を中心におくということがあります。①の「関係者が情報を共有する」には、同じことを何回も繰り返して質問されることでその人を疲弊させたり追い込んだりすることを防ぐ意味があり、②の「支援の方向性を一致させる」は、その人を混乱させないために当然に求められるものです。また、③の「顔の見える関係を作って、やり取りのずれを防ぐ」ことが大切になるのは、その人を支える関係者のネットワークに軋みが生じることによって、最もストレスを受けるのは相談者その人だからです。個々のケース会議は、こうした前提を踏まえ、具体的な目的をもって開催されるため、参加者もその目的を理解したうえで臨む必要があります。

また、「ケース会議」には、これとは別の側面もあり、支援者側に困難が生じていて、その困難を打開するために開催される場合もあります。これはむしろ「事例検討」といってよいかもしれませんが、このような場合にも注意しなければならないのは、テーマを明確にしておくことです（詳細は第３章の❶を参照のこと）。

支援の振り返り

by なるほどさん

本人の希望を「真に受ける」
〜ソーシャルワーカーである所以

　相談支援において「デマンド」と「ニーズ」という言葉があります。「デマンド」は相談者が直接的に口にしたり、訴えたりしている要望のこと、それに対して「ニーズ」は相談者が本当に必要としていることで、相談支援においては「ニーズをとらえること」が大切だと言われます。実際の相談では、いつもデマンド（要望）が前面に出てきます。それは往々にして現実とはかけ離れていて、支援者としてそのまま受け入れることができないことも多くありました。そんな時、説得をしました。本人に気づいてもらおうと必死に説明をしたり、失敗をさせたくない一心で助言や先回りをしました。しかし、何とかしようと思えば思うほど相談者との隔たりは大きくなりました。起こった結果に「ほら、やっぱり」「わかっていない」と相談者を責める気持ちも生まれました。

　しかし、そうしたもどかしさを何度も体験するうちに、実はデマンド（要望）の背景には、それまで当たり前のことを学んだり気づいたりする機会が得られなかったことなど、相談者の過酷な人生が必ずあることがわかってきたのです。大切なのは支援者がニーズをつかむかではなく、相談者が自分自身のニーズをつかむことで、相談支援はそれを手伝うことなのではないか。そう気づいて相談者と「一緒に」という感覚がわかってきました。具体的には、何はともあれ相談者のデマンド（要望）にしっかりと向き合うことが大事だったのです。

　支援者側からみて「そんな無茶な」「何を言っているんだ」と思うような訴えであっても、その気持ちや思いを理解し、受け止め、可能な限りそれに向き合うことはできます。一緒に向き合い、行動することでデマンド（要望）は相談者のなかで修正されたり、形を変えたり、おのずとニーズに近づいていきます。最初は一個人の問題だった悩みごとを支援者というソーシャルな存在と共有するからこそ、社会的になっていきます。だからこそ、支援者はソーシャルワーカーなのだと思うのです。

　相談支援のなかでデマンド（要望）からニーズに近づいていくプロセスは、相談者個人の困りごとを理解し、個人の人生や生活を向上させ、幸福を追求することであると同時に、個人的な悩みごとから社会の課題を理解することで、よりよい社会の実現にもつながります。

　経験を積めば積むほど、ニーズをつかむのは早くなるでしょう。しかし、支援者がニーズを早く理解できるようになるのはソーシャルワークの本来的なあり方から離れてしまうリスクもあるのです。相談者から主導権を奪わず、相談者と社会とを媒介する支援者ほど社会性を問われる仕事もないのではないかと思っています。

まとめ

　ありがちさん、なるほどさんの相談支援の展開をみて、どう感じたでしょうか？　第1章の最後に朝比奈も書いているとおり、わかりやすくするために多少極端な表現もありますが、誰もが相談支援のなかでどちらにもなりうるストーリーを描きました。これを読んで、一概に「ありがちさんにならないように」「なるほどさんを目指そう」ということではなく、これらの事例から普段のみなさんの支援者としてのあり方を振り返るきっかけになればと思っています。同じ相談でも支援者のとらえ方によって全く別の展開にもなる可能性があるということを私たちは自覚する必要があります。その支援者のとらえ方の違いは、本書の第1章で相談支援において大切な視点として提起した「ソーシャル・アドボカシー」に深く関係しています。「ありがち」と「なるほど」の分かれ目は「ソーシャル・アドボカシー」の分かれ目とも言えますが、それは支援者がどういった経過や価値観、背景でソーシャルな視点を培ってきたのか、養っていくのかということに大きな影響を受けます。そう考えるのは自分自身が「支援される側」からスタートしたことに由来します。

　ここで、私自身について少し紹介したいと思います。私は今、札幌市スクールソーシャルワーカー、若者支援、福祉関係の人材育成など支援や地域作りなど、いわゆる「支援をする側」の仕事に携わっていますが、きっかけは自分が障がい児の親になったことでした。私は20数年前に長女の障がい（レット症候群で重度重複の障がい）が明らかになり、偶然かつ突然に「支援・指導を受ける側」になりました。そして、実際に支援を受けてみると、言いようのない「違和感」を抱きました。その「違和感」こそ、私の支援者としての原点です。

　当時出会った支援者は熱心に相談にのってくれたり、私や長女にいろいろなことを教えてくれたりしましたが、当時の私は支援を受けることにありがたさを感じる一方で居心地の悪さも感じていました。支援を受けるという立場にいるというだけで、よき母親でなければならない焦りや束縛が知らないうちに生じてしまい、自分らしい子育てを楽しむ余裕はなくなっていきました。ふと気づくと、子育てで感じるはずの当たり前の日常の親子の喜びよりも、訓練や療育に努力することが優先される日常になっていきました。そんな日常に漠然とした疑問を感じながらも、「今自分が頑張らなければ」という義務感や責任感や負い目を抱えた葛藤の日々を送っていました。

　そんな時に出会ったのが親の会活動でした。仲間とのおしゃべりやお便り作りなどは心か

ら楽しめ、その活動の延長に自然と仲間同士の支え合いがあり、それは後ろめたさもありませんでした。義務でもなく参加してもしなくてもよい自主的な活動によって自分に元気が充電されるのがわかりました。それは、自分らしさを取り戻し、人生の主人公は自分だという確認になりました。

　対象化されて支援を受けるだけの自分と主体的に活動に参加する自分のギャップ——それが私に「支援とは何か？」という大きな問いを与えてくれました。そして、自分が支援をする立場になったときにも、その問いを追求するなかで「どんなに質のよい支援であっても、支援を受けるだけの存在では人は元気になれない、主人公になれない」「支援を受ける側が対象化されるのではなく、その人が人生の主人公になるための応援が必要なのではないか？」という仮説が立ち、その仮説を検証し続けることが私の支援の基本的な理念、姿勢になっています。実際、私は支援者側から見える社会と相談者側から見える社会の橋渡しをすることが多くあります。両者から見えている社会の景色や日々の出来事の意味や価値はやはりかなりずれているのです。支援が関係性の回復やエンパワメントを重視するならば、支援者による対象者への一方的な支援には限界があるのではないかと感じています。

　また、支援で出会う困難に直面している人たちに関わっていると、自分の価値観や人となり、生き方、考え方、感じ方が問われ、自分と自分が生きているこの社会について突きつけられます。「本当に、今の社会でよいのか？」「何が正しいのか？」そんな問いにぶつかったときに、答えを一緒に見つけてくれるパートナーはいつも相談者でした。見方を変えると、支援という場は、困っている人を助ける機会であると同時に、社会への見方が異なる相談者と支援者がお互いの価値観を持ち寄り、今の社会について、また、これからの社会について一緒に考える絶好の機会とも言えます。しかし、既存の支援のなかではそれが難しいのです。なぜなら、「支援者」と「被支援者」という社会的な役割が付きまとう現状があるからです。

　そう考えると「支援」は諸刃の剣とも言えます。生活困窮に陥り支援を受ける人たちは実は保護や支援、教育の名のもとに、それと引き換えに社会的に主体性を制限されるリスクを引き受けてきたのではないでしょうか？　困っていることが多いほど、重いほど、複雑であるほどそのリスクは高くなるとしたら、主体性を失うのが嫌な人は支援を拒否したり、抵抗したりして、支援者の元を去っていきます。第1章の「まとめ」で朝比奈が、生活困窮の相談の共通点を「相談するタイミングが遅い」「相談支援から離れるタイミングが早い」ということを指摘しましたが、それは相談者が主体性を守るセルフ・アドボカシーの表現なのかもしれません。

主体性を奪わないことこそが支援における基本でありながら、往々にして社会的な立場や持っているパワーの違いは知らないうちに「主体性を奪ってしまう」罠に陥らせます。意識しないと、ついつい支援者が主導になり、相談者は「助けてもらっている」ことへの後ろめたさや自信や経験のなさから、主張することをあきらめていき、吸い寄せられるように支援者が優位に立ってしまうのです。しかし、ここで1つあらためて考えたいのは、主導する支援者もまた社会的に主体性を奪われていないか？　という疑問です。「支援する側」の私たちも社会的な存在として、さまざまなメッセージや評価、価値観のなかで仕事をしています。「支援者としての立場」「これが正しい支援」などの固定化、管理化された概念や価値観が強ければ、私たち支援者もまた主体性を奪われ、言動や発想は実は抑圧されていきます。例えば、委託元や上司に成果を求められれば、就労や経済的自立という結果が気になります。また、研修の場や教科書で「当事者意思の尊重が大切」だと言われれば、相談者の言いなりになり疲弊することもあります。そのいずれも支援者が主体性を失っていると言えます。

　そもそも、どんな人でも自分として生きていくこと、自分自身を助ける力のもとを持っています。それを具体化するのがセルフ・アドボカシーであり、主体性の根幹と言えます（第1章の「まとめ」を参照）。そして、相談者にも支援者にも同じように「セルフ・アドボカシー」が大切です。私たちは生きているなかでいろいろな人たちと出会い、支え合い、経験を経て、セルフ・アドボカシーを高めていきます。しかし、社会的排除は人から当たり前の出会いや支え合い、生きるためのチャンスを奪い、セルフ・アドボカシーを弱めます。困窮者相談の多くはセルフ・アドボカシーが壊滅的になっている相談者が支援者と出会うことから始まります。だからこそ、まず支援者が相談者の「主体性を奪わない支援」が求められ、そのうえで「主体性を取り戻す支援」が必要なのです。忘れてはいけないのは、支援者である私たちにとってもセルフ・アドボカシーは大切であることです。だから「主体性を取り戻す支援」は相談者と支援者がお互いを尊重しながら、協働で行う必要があるのです。それが「ソーシャル・アドボカシー」の礎になると考えます。

　相談者から発信される困難を個人的な問題としてとらえるのではなく、困りごとを解決することが支援者個人の責任や力量だととらえるのでもなく、相談者の困りごとは社会の課題の代弁であり、解決を手伝う支援者の責任は社会的な責任として多くの人たちと共有し、協力することであるという姿勢や発想の必要性を再確認するために「ソーシャル・アドボカシー」を提起しました。

　第4章では、支援者が無理なく自分と向き合い、支援者と被支援者という社会的に不平等な立場に置かれた両者が少しでもよい協働ができるための仕掛けの例の1つとして「フィバ

研キット」を紹介しました。このキットは虐待や困窮、両親の離婚やDV、発達障がいなどさまざまな生きづらさを抱える若者たちと平成24年度の厚生労働省社会福祉推進事業として取り組んだ「生活困窮者の「当事者参画型自立促進体制」構築事業」のなかで開発した1つの手法です。

　開発の背景には5年ほど前から若者たちと取り組んでいる「フィードバック研究会」という活動があります。前述の通り、普段の直接支援の渦中では「支援者」「被支援者」の役割意識や固定化した関係性が強いため、協働関係を作ることに困難を感じていました。そこで、別のステージを作ったのが「フィードバック研究会」です。研究会では生活するなかで感じる身近な疑問をテーマとして、それを議論することを通じて自分の意見、他者の意見、社会的なメッセージなど価値観について交流し、学び合います。ほかの人の感じたことを聞いたり、自分の感じていることを話したり、お互いに「それについて私はこう感じた」というもの＝フィードバックをもらうことで自分を苦しめていた考え方や今の社会について知ることができます。自分の生きづらさのもとは何なのか、そもそも自分はどんな人間なのか、どうしたら自分らしく生きられるのか、それらを楽しく模索し理解を深め合う場です。

　「研究会」という設定は個人の問題や悩み、生きづらさを個人から切り離し、研究の素材として活用できることから、自分自身のことを客観視したり、社会化したりする格好の機会となるなど、ソーシャル・アドボカシーを高める要素が詰まっていると手ごたえを感じています。

　また、「フィバ研キット」と同時にソーシャル・アドボカシートレーニングの1つとして、事例検討の方法も紹介しています（第3章）。これらはいずれも「支援者が自分を振り返る」「社会的な視点を養う」という要素が含まれています。日々、相談者やご自身、社会と向き合い奮闘する現場のみなさんの実務に少しでも役に立てばうれしく思います。繰り返しますが、こうした方法が絶対的でもなければ、完成形でもありません。1つの手がかりとして、現場の人たちがどんどん自分たちに合うようにいいとこどりをしたり、アレンジをしたり、主体的に活用していただければ幸いです。

ソーシャルな支援の基本構造

対人援助の基本構造

相談者、支援者ともに、「パワー（意欲、行動力、パワー）」が適度にあり、「セルフ・アドボカシー」が安定している状態

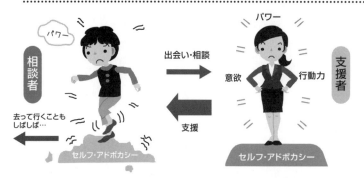

実は…

相談者の「パワー」が小さく、「セルフ・アドボカシー」が不安定で、支援者の「パワー」「セルフ・アドボカシー」がともに安定している状態
➡相談と支援は対等にはなりにくい

時には…

相談者が自分を守るために支援者にパワーをぶつけ、支援者のパワーが弱まり、支援者のセルフ・アドボカシーが脅かされることも

支援者の孤立や排除

支援者が孤立したり、エンパワーできていないのに無理をして支援をしようとしても、形だけの支援になりがち
支援者は相談者、支援者自身双方のセルフ・アドボカシーやパワーの構造を理解できることが大切（＝アセスメント力）

まとめ

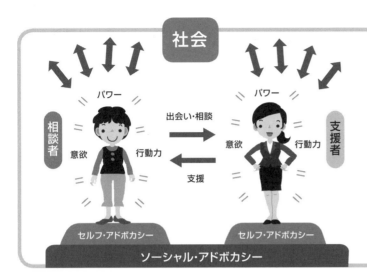

ソーシャルな支援の基本構造

相談者の困りごとも支援者の仕事も「社会」の中で、「社会との関係性」に影響を受けて成り立っている。その全体像を把握することが重要(ソーシャル・アドボカシーの視点)

第3章

事例検討の
すすめ

1 事例検討 ここがポイント

　事例検討は、支援のあり方を考えるうえで、とても有益な手法であると思います。一方で、支援者側の困っていることからスタートすることが多いため、どうしても「答えが欲しい」や「楽になりたい」と思ってしまい、視野が狭くなりがちです。また、自分自身の支援に対して肯定的な反応やねぎらいが欲しいという気持ちがあると、客観性や公平性が保たれにくいという側面もあります(図表3-1)。

　以下、こうした課題を踏まえ、事例検討の上手な進め方について、そのポイントを紹介します。

図表3-1　事例検討 あるある

- ○　ストレングス視点より課題を発掘する視点になりがち
- ○　相談者理解(人生や人物に迫る)という視点よりも、相談内容理解(課題の事柄)に視点が偏ってしまう
- ○　相談者のアセスメントばかりで、支援や支援者のアセスメントができていない
- ○　困難な相談ほど、相談者批判やバッシング、支援者擁護の傾向が出る
- ○　状況の把握で安心し、支援方法や解決のビジョンまでたどり着けない

❶開催の動機を確認する

　事例検討も、その開催の動機はいろいろです。支援者が困って(困難だと思って)行うタイプもあれば、特に困っていないけれど経過の確認や学習のために行うタイプもあります。

　前述のように、支援者側の「困った」から始まる事例検討の場合は、特に「罠」が潜んでいますので、それを自覚して臨むとよいでしょう。

❷情報の量や質

　検討事例の情報は多く出せばよいというものではありません。多く出すよりも、概略をまとめてコンパクトに出す程度がちょうどよいようです。それを支援者側と相談者側、関係機関、家族などといった多角的な視点で把握することがポイントです。

❸キャスティング

　事例提供者、進行役、深める役、参加者。事例検討のなかで、進行役が大きな役割を果たすのは言うまでもありませんが、ある意味で最も重要なのは深める役(従来でいうスーパー

バイザー（以下、「SV」と言います））かもしれません。

❹情報の掘り下げ

情報の掘り下げは、「支援者の印象」を切り口にするのが効果的です。掘り下げていくと、「支援者の常識や枠」「評価や価値観」と言ったものが、知らないうちにそこに反映されていることに気づくかもしれません。また、「本人を理解する」「本人を取り巻く状況（生活／地域社会）を理解する」「本人に関わろうとしている自分を意識する」という3つの視点を意識することがポイントです。

❺事前の「もやもや」と新たな「もやもや」を

支援者が困っている事例について検討した場合に、当初の「もやもや」がある程度すっきりして、代わりに新たな「もやもや」が生じるといったこともあるでしょう。これは、それまで見えていなかったものが見えるようになったと考えることもでき、事例検討が有意義だったという証拠になるかもしれません。

図表3-2 事例検討スタイル①

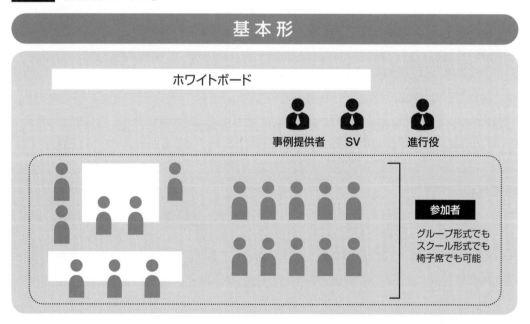

2 事例検討の進め方

❶基本的な進め方

　事例検討の進め方にはさまざまなスタイルがありますが、ここでは基本項目を盛り込んだスタンダードな手順の一例と、事例検討を有意義にするためのポイントを示します。

ステップ❶　事例提供者を決める

・事例に関わっている人が簡単な事例概要を用意します。資料等はあってもよいですが、全くなくても、頭の中にある情報だけで構いません。

ステップ❷　進行役とSV役を決める

・進行役は事例検討を進めていく役割です。時間管理、検討されている情報や論点の整理などを行います。また、参加しやすい空気や、議論が深まるような雰囲気作りも行います。いわゆるファシリテーター的な役割とも言えます。
・それに対してSVは事例提供者や参加者の発言に対して、深めるための質問や見解、示唆などをしながら事例提供者や参加者の振り返りや価値観の問い返しを行います。気づきを促す役割と言えます。
・両者を別の人が担当する場合もありますし、時には同じ人が一度に行うこともあります。

ステップ❸　事例を深める

・簡単な相談概要から質問を行い、事例提供者から情報や気づきを引き出します。質問はSV役でも参加者からでも構いません（その時に応じて行います）。
・引き出された情報はホワイトボードや模造紙にみんなが見えるように書き出すと、さらに深めまり、支援の検討をするために役立ちますが、参加者それぞれが記録をとる方法もあります。

ステップ❹　支援を検討する

・現在進行形の事例
→参加者で「今後できる支援」のアイディアを出し合い、事例提供者自身が取り組めるか、取り組みたいか、どう考えるかを検討します。支援の方法を分類整理することもあります。

・すでに支援が進んでいる・終結している事例
→事例提供者が振り返りたい時点での情報を引き出し、整理し、その時点でどんな支援が考えられるのかをアイディアを出し合ってから、事例提供者から実際に行った支援や事例の経過を聞いて検討する方法もとれます。

ステップ❺　終わる時には

・事例提供者は必ず感想や今後に向けての振り返りを言語化します（相談者だけではなく支援についての自分の振り返りが重要）。
・SV役、参加者も事例検討で気づいたことを言葉にしましょう。

❷具体的な進め方（模擬事例解説）

　次ページに模擬事例として、相談者Tさんのケースを掲げましたが、事例検討の最初の情報量はこの程度のイメージです。ここから、参加者が順に、事例提供者に自分の気になったことを質問していきます。

　続く116ページ以降には、Tさんのケースで事例検討の様子（シミュレーション）を掲載しました。SVの役割、情報を深めるポイント、事例検討の効用などについて、要点解説を加えていますので、実際に事例検討を行う際の参考にしてください。

　なお、模擬事例に示したとおり、事例検討の際の「質問」は支援者のアセスメントのくせや価値観、着目点の傾向などが出ます。フィードバックをくれるSVと一緒に事例検討をするのももちろん効果的ですが、図表3-3（p.119）のシートを活用して、普段からセルフチェックや仲間同士で分析的に検討することもできます。自分のアセスメントについて把握しておくことは相談支援のスキルアップの手助けになります。

　次に、図表3-4（p.120）のシートを活用して事例を氷山モデルで整理することで相談者の全体像を把握し、支援策へのヒントを確認することもできます。特に②－bの「価値観・思想」について知ることで、相談者に向き合う姿勢や伝えるメッセージ、社会への働きかけの必要性などを確認できます。

模擬事例

相談者Tさん（ケース概略）

> **相談者** Tさん（20歳・女性）無職、就労経験なし
>
> ● 家族構成：一人暮らし
>
> ● 相談につながった経緯：父が残していった貯金を切り崩して暮らしてきたがとうとう現金が底をついて、家賃や公共料金などを滞納。母が時々、気まぐれのように1万円程度家に置いていくこともあるが、まったくあてにならない。以前より、高校時の友人が生活状況の切迫ぶりを心配し、相談を勧めていたが、誰かに頼ることを嫌がり、曖昧な反応が続いていた。家賃滞納で大家から退去を迫られ、ついに友人に相談。友人に付き添われて相談に来た。

✓ Tさんの状況

　幼いころから、病弱で対人関係も得意ではなく、小学校、中学校と不登校気味。加えて母からの暴力など養育環境も悪く、食事や入浴、着替えなどが十分でなく、いじめも経験。何とか定時制高校に入学し、卒業したものの就職はできなかった。

　母は家事も仕事もせずにいつも外出しては、お金を浪費していたので、父が稼ぐ生活費はいつも足りなかった。父は、家庭を顧みない妻との関係や家事負担、仕事のストレスでメンタルを崩したが、無理をして仕事を続けていた。

　Tさんは父を気遣い、できるだけ家事を手伝っていたが、父はうつ状態がひどくなり半年前に自殺。父の仕事の社宅に暮らしていたので、退去を余儀なくされ、母が探してきたアパートに引っ越す。

　まもなく、母は帰宅する頻度がだんだん減っていき、ついに行方不明に。祖父母等の親戚付き合いは全くなく、頼れる身内はいない。

第3章　事例検討のすすめ

事例検討会

日　時	平成××年××月××日（○○：○○〜）
キャスティング	● 進行役　　　● SV ● 事例提供者　● その他の参加者（7人）

進行：では、参加者から順に質問をしていきます。

参加者1：母親は今、どこにいるのでしょうか？

提供者：具体的にはわかりませんが、かなり遠方のようです。

SV：その質問は何を知りたくて、聞きましたか？

参加者1：連絡が取れるのかどうかを知りたかったものですから。

参加者2：母親はなぜ、Tさんを残していなくなったのでしょうか？　Tさんは稼ぎもないのに置いていくなんて、ひどいと思います。

提供者：Tさんは「母親ならやりそうだ」と言っています。表向きは仕事を探しに行くと言っているそうですが、わかりません。

参加者2：そんな仕事探しなんて、ないでしょう。男がいることは考えられませんか？

提供者：いいえ、そんな話は聞いていません。

SV：2さんはずいぶんとお母さんへマイナスの気持ちがありそうですね。仕事探しかどうかはわからないので、本当に仕事を探しに行ったのかもしれませんし、そうではないかもしれません。Tさんは母親のことを恨んだり、怒りの感情を持ったりしていますか？

➡SVはアセスメントの意図を確認する質問をして、気づきを促しました。基本情報などは機械的に聞いてしまうこともあります。アセスメントの意図を時折、確認することは重要です。

➡相談者や家族に対して感情的になることもあります。自覚できている場合は静観しますが、決めつけで視野が狭くなりがちな場合は、支援者側の感情についてフィードバックします。また、参加者から感情的な語りがあったので、SVは相談者の感情に置き換えて質問を展開しました。

提供者：話している範囲では怒りのようなものは感じません。むしろ、あきらめのような感触を受けます。「考えたくもない」と言っています。

参加者3：お母さんは何歳ですか？　また、お父さんは何歳で亡くなったのですか？

提供者：お母さんは46歳です。お父さんは48歳で亡くなったと聞いています。

参加者4：家賃はいくらのところに暮らしていますか？

提供者：それが、**10万円もするんですよ**。Tさんいわく、母親が見栄を張ってよいところに引っ越したらしいです。

SV：それでは、家賃を払うのも大変ですよね。

参加者5：Tさんはどんな人ですか？　服装とか髪型とか、体形などを教えてください。

提供者：背が低く、そうですね、150cmぐらいでしょうか。細身です。化粧もせず、髪も無造作な感じで、おしゃれには興味がないようです。ちょっとオタクっぽい雰囲気もあります。

SV：**客観的な事実も確かに重要ですが、Tさんの人物像に迫るアセスメントは大切ですよね**。私たちは普段から見た目のような視覚情報をはじめとして、感覚的にもアセスメントしていますからね。

参加者6：Tさんはなぜ、人に頼るのを嫌がったのでしょうか？

提供者：自分には誰かに助けてもらう資格がないと言っていました。今も、何かと「すみません、私のために」といつも恐縮しています。申し訳ないと思わなくてもいいとは伝えているのですが、なかなか伝わりません。関わるのが難しいなぁと感じることがあります。

参加者7：仕事はしていないようですが、普段の日中は何をしていますか？

提供者：ゲームをしているそうです。

SV：どんなゲームですか？

➡年齢もあまり意図せず機械的に確認しがちな質問です。実際の支援には不要なことも多くあります。

➡10万円の家賃という情報は母親の人物像に近づくヒントになります。ここでは質問は続きませんでしたが、新たな情報に展開する質問と言えます。

➡前の質問では母親の人物像が深まる展開になりませんでしたが、タイミングよくTさんの人物像についての質問が出ました。SVも意識して、その意義について説明しました。

➡人物像は服装など外見からも迫ることができますが、行動からも迫ることができます。支援方法を考える場である事例検討の機会に、相談者が支援についてどう感じているのかが話題になると支援を振り返るきっかけとなります。

提供者：オンラインのサバゲーだと言っていました。

SV： サバゲーとは何ですか？

提供者：サバイバルゲームの略で、ひきこもりの若者たちがコミュニティを作る、1つのツールになっているそうです。

➡事例検討は相談者の生活文化を知る機会にもなります。年代や背景の異なる顔ぶれで事例検討を行うことで、一人の支援者の知識や経験では理解が難しいことも共有したり、学びあったりできるメリットがあります。

図表3-3 アセスメント視点リストアップシート

気になった記述内容 ※エピソードから具体的に抜き出して記入	気になった理由・予測される背景

図表3-4 構造的理解・支援方針シート

① 表面化している困りごとは何ですか？

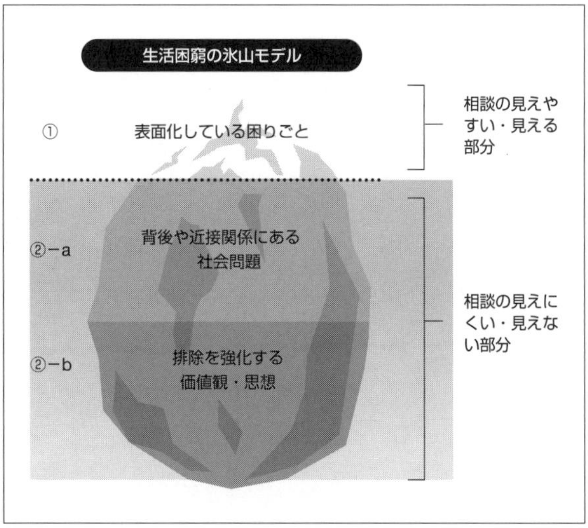

生活困窮の氷山モデル

① 表面化している困りごと 　　　　相談の見えやすい・見える部分

②-a　その困りごとの背景にある個人の事情や社会の問題は何ですか？

②-a　背後や近接関係にある社会問題

②-b　排除を強化する価値観・思想

相談の見えにくい・見えない部分

②-b　排除を強化する価値観や思想にはどのようなものがありますか？

③　あなたが本人（相談者）だとしたら、どのような支援があったらよいと思いますか？

④　あなたが支援者だとしたら、どのような支援を行いますか（支援方針）？

⑤　その支援に必要な社会資源は何ですか？

3 事例検討のアレンジいろいろ

　❷で紹介した事例検討はスタンダードな要素だけのシンプルなものですが、以下のとおり、設定やキャスティングなどを工夫することで、アレンジが可能です。それぞれの特徴やメリット、留意点を含めて紹介します。これはあくまでもアレンジ例ですから、さらなるアレンジや別のアレンジなどさまざまな応用が可能です。やりながら工夫をして、自分たちにとって効果的な事例検討の方法を作り出してみてください。

❶専門家を交えた協働検討方式

方法：弁護士、医師、女性支援など特定の専門分野の支援に詳しい人に入ってもらい、専門的なアセスメントの切り口や理解、知識などを融合させて、自分たちの見方や支援方法について視野を広げたり、深めたりします。通常の事例検討の方法でゲストSVとして、要所でコメントをもらうやり方や事例検討の参加者として一緒に検討する方法もあります。複数の分野の専門家が入る、1つのテーマに絞って入るなど協働のアレンジもさまざまです。

メリット：普段は気づかない視点を体感することができます。また、専門分野についての知識を事例に即して理解する機会となります。疑問などをすぐに出し、教えてもらったり、議論をしたり、実践的な学びを手軽に得られます。専門性の異なる支援者同士で、視点や思想、方法の違いを理解し、その後の協働を促進する機会にもなります。

留意点：実施の前提として、異なる専門性に対して敬意や理解をしながらも、疑問があれば対等に議論し、学び合う関係が必要となります。どちらが正しいのか、社会的な立場の上下などが強い場合に軋轢や反発が生じることもありますので、環境作りや進行役のファシリテーションに工夫や配慮が必要になります。

❷多くの参加者が体感できるステージライブ方式

方法：シンプルな事例検討は「事例提供者」がSVによって気づきを促されることが中心で主役は事例提供者になります。参加者も質問をしたり、やりとりを見聞きしたりすることで参画し、気づきは促されるものの、どうしても受け身になりがちです。特に人数が多くなると主体的に参加する機会は減ってしまいます。そこで考案したのが、「事例提供者（ステージ参加）」「公開検討者（アリーナ参加）」「参加者（スタンド参加）」と3つの役割をあらかじめ決め、できるだけ多くの参加者が必然的に主体的な参加が可能となるステージライ

図表3-5 事例検討スタイル②

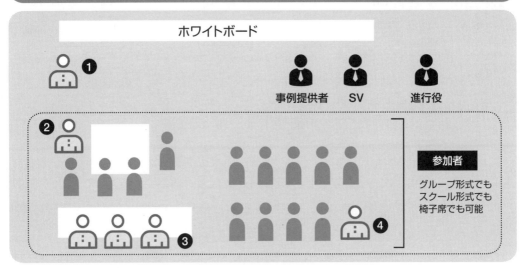

図表3-6 事例検討スタイル③

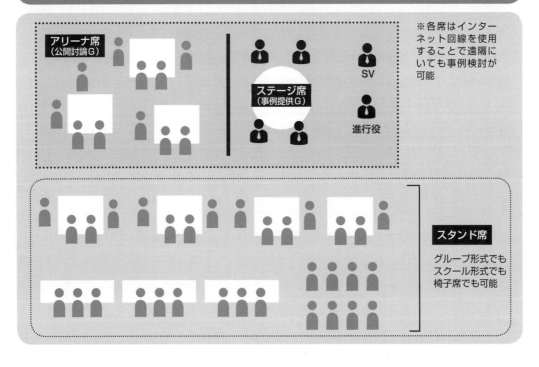

ブ方式です。

この方法の各参加者は個人ではなく、できれば3～5名のチーム参加が望ましいです。「事例提供者」も一人ではなく、複数でその人のことを知っているチームで事例を提供し、質疑に答えます。最初にシンプルな事例検討の進め方と同じく事例提供チームとSVが参加者の質問をもとに事例を深め、その後は以下のように進めます。

ステップ❶　論点整理とシンキングタイム

SVと進行役が質疑のなかから出された「論点」「議論ポイント」をいくつか整理し、全体に提示し、5～10分程度シンキングタイムを設定し、アリーナ参加者が3～5人のグループで提示されたテーマをきっかけに自由に意見交換、議論をします。
※必要に応じスタンド参加のグループワークを取り入れることも可能です。

ステップ❷　アリーナ参加のリレー公開討論

アリーナ参加チームが公開で議論を展開します。必要に応じてSVや進行役が議論を活性化します。5～10分程度、議論したら、議論で明らかになった疑問や意見をまとめて、「○○と考えましたが、どう思いますか？」と次のアリーナ参加チームに議論を振り、次のチームが公開討論をします。

ステップ❸　ステージ参加者のまとめ

アリーナ参加のリレー討論を踏まえて、事例提供のチームが公開議論をし、SVと進行役がまとめを行います。

メリット：大勢の参加者が主体的に事例検討に参加することができます。多様な参加形態があるのでモチベーションや状況に応じて参加度合いを選ぶことが可能です。チームでの参加により個人追求モードになる状況を避けます。また、チームワークやコミュニケーションを振り返ったり、スキルアップしたりする機会にもなります。インターネット通信システムを活用するなど、遠隔研修の際にも活用できます。

留意点：論点の整理やグループワークの進行などSVや進行役に一定のスキルが求められます。参加する各チーム内に力関係がある場合やグループワークに慣れていない場合にはサポートが必要となります。

❸五感を使うロールプレイ方式

方法：事例提供者が「相談者本人」になりきり、ロールプレイを行い検討する方法です。通常の事例検討の事例提供者は支援者として知っていることや推測することを支援者の表現で行いますが、ロールプレイ方式は当事者になって、参加者からの質問にリアルに答える質疑応答を行います。答えたくないことは答えない、腹が立ったら怒る、嫌だったら会話をやめる、誘導されてしまったら誘導で答えるなど、できるだけ当事者の感覚を想像してやり取りします。

　必要に応じて、当事者になりきるロールプレイの質疑と通常の支援者としての質疑を混ぜて行うことができます。

メリット：支援者の立場では忘れがちな視点や発想がみえる機会になります。相談する側の心情や感じることなどをイメージする力を養います。普段、支援する側が無意識にしている関わりやメッセージを客観視する機会になります。

留意点：ロールプレイはとことんなりきることが重要です。なりきれない場合には中途半端や都合の良い理解やイメージになってしまうことがあります。想像でしかないため、実際の当事者について決めつけるリスクもあります。そうした模擬的な設定の限界を理解し、固定化せずに、視点や議論の多角性をより意識するようにします。したがって、SVや進行役の示唆やかじ取りのスキルも求められます。

❹本人主体をリアルに体験する当事者参加方式

方法：事例提供者について実際に支援を受けている（受けていた）当事者に協力してもらう方法です。最初に100文字程度の短文で自分の困っている状況を表現してもらい、その短文を手掛かりに参加者が当事者に質問をしながら、アセスメントを行います。一通りアセスメントが進んだら、応援の方法や方策、使える社会資源などの検討も行います。

メリット：支援される側が主役、主体になって検討が進められます。目の前に本人がいることで支援者がついついしてしまう審判的態度や評価的な視点へブレーキがかかります。普段はあまり教えてもらえない本音や支援者側へのメッセージなどを受け取る貴重な機会ともなります。また、当事者が自分の悩みや課題を客観視する機会にもなると同時に、支援者側の立場や考え方を理解する機会にもなります。

留意点：協力する当事者がある程度エンパワメントしている状況である必要があります。課題の最中やダメージが残っている状態では二次被害を受けるリスクがあります。当事者へ

の丁寧な説明やコンディションの確認が必要です。必要に応じて当事者にサポート役が付くなどの配慮を要します。また、参加者にもそうした二次被害の可能性について説明し、自覚を促すことも必要に応じて行います。

　協力してくれる当事者が参加者に気を遣い、本音を言えなかったり、相手が期待する話をしてしまったり、支援者批評や審判を始めてしまう可能性もあります。進行役、SVなどサポート役が適切に介入や促進を行うことがポイントです。

図表3-7 事例検討スタイル④

当事者参加方式

当事者／進行役／当事者／必要に応じてサポーター／当事者／当事者

模造紙
付箋紙
マーカー

グループワークに当事者が参加し、その当事者について本人と一緒にアセスメント、支援方針を考えていく

第4章

実録！
実践者たちの振り返り

テーマは「振り返り」

　本書のテーマの1つは、振り返り上手な支援者になることですが、読者に振り返りの大切さを説く一方で、執筆者が自らの振り返りを行わないというのは、何だか説得力に欠ける話です。
　そこで、編著者の朝比奈ミカと日置真世が、よりそいホットラインの相談員とともに、座談会形式での振り返りを行い、本章にその顛末を掲載することにしました。
　振り返り座談会は、6人の参加メンバーが、「フィバ研キット」（巻末資料を参照）で対人傾向を分析した後に、その結果をもとにお互いの人物像を、対話のなかで深掘りしていくという形式で進められました。フィバ研キットの詳細は、147頁の記述に譲りますが、大ざっぱにいうと、質問に答えることで対人傾向を数値化するツールです。ただし、点数化そのものが目的ではなく、分析結果に基づいて、「他者からみた自分」「自分からみた他者の傾向」をフィードバックし合い、価値観の違いを知ったり、すり合わせていくという過程を重視したものです。
　こうしたプロセスは、みなさんが周りのメンバーとの相互理解を深めるうえでも、有効な方法だと思われます。次頁のイントロダクションで、今回の座談会の進め方の要領を簡単に整理していますので、身近な仲間との対話を深めるための参考素材としてもご活用ください。

イントロダクション

目的

下記の3つをテーマに、多様な考え方や価値観を持つ人たちが協働的な対話を行うことで、相互理解を深めたり、関係性の構築を図ることを目的とします。

❶ 自分の対人傾向やくせ、特徴を理解する
❷ 他者からみた自分の傾向やくせ、特徴を理解する
❸ 他の人の対人傾向やくせ、特徴を理解する

準備するもの

- 「フィバ研キット」
- パソコン(※)
- 筆記用具(回答記入用)
- ICレコーダー(記録用)

※今回の座談会では、表計算ソフト(エクセル)の表作成機能を活用して、レーダーチャートを作成しましたが、巻末資料の回答用紙に掲載されているレーダーチャートのひな形に、直接書き込むことで代用できます。

内容（タイムスケジュール）

1. イントロダクション(5分)
   - 進行役が説明
     開催の動機／テーマの確認／進行方法等

2. 質問の読み上げ・回答(10分)
   - 進行役が、回答の留意点を説明しながら、質問項目を読み上げ
   - 各参加者が回答用紙に記入

3. レーダーチャートの作成(2〜3分×参加人数)
   - 各参加者が回答用紙を提出
   - 進行役がエクセルファイルに入力(チャート作成)

4. 傾向分析のガイダンス(10分)
   - 進行役が説明
     5つの阻害要素の特徴／チャートの見方／etc.

5. 振り返り座談会(10分×参加人数)
   - 各参加者のチャートを公表
   - 質疑応答等(フィードバック)
   - まとめ

<備考>
今回は、時間の都合で、自分以外の他者の対人傾向を分析するプロセスは盛り込みませんでした。時間に余裕がある場合、あるいは別の機会を確保できる場合には、他者の対人傾向を分析する(してもらう)プロセスも加えて、自分からみた対人傾向と他者からみた自分の対人傾向とのずれを認識したり、すり合わせていくワークを組み込んでみるのもよいでしょう。

実録 振り返り座談会

日　時	平成28年6月13日（17：00～19：00）
キャスティング	● 進行役……………日置真世 ● 深める役…………朝比奈ミカ ● その他の参加者……仲間たち4人（よりそいホットラインの相談員）

さわがみさん
よりそい相談員歴1年8か月

ぷんあんさん
よりそい相談員歴3年1か月

たかはしさん
よりそい相談員歴5年

ふじわらさん
よりそい相談員歴4年4か月

日置：以上で、「フィバ研キット」のガイダンスは終了です。くどいようですが、フィバ研キットの目的は、対人傾向を分析して、○○タイプだと断定することではありません。分析結果を材料に、「あーでもない」「こーでもない」とフィードバックし合い、相互理解を深めていくきっかけにするというのが、そのテーマです。

　それでは、この点を踏まえつつ、座談会を進めていきましょう。

えっ！温厚タイプが集まると物事が進まない？

日置：まず、朝比奈さんのレーダーチャートをみましょうか。
一同：うわっ。
さわ：随分、バランスがいいですね。

○○タイプ

　フィバ研キットをとりまとめた「フィードバック研究会」では、レーダーチャートの形状による傾向分析を行っています。これは、対人傾向を断定しようとするものではなく、対話を発展させるための材料（契機）の提供といった意味合いが大きいものです。今回の座談会では、このうち「温厚タイプ」「おせっかいタイプ」「過敏タイプ」「いい子タイプ」の4タイプが話題にあがっていますが、それぞれの傾向としてまとめられた内容について、その概略を記します。

日置：そうですね。申し分ないという感じです。
朝比奈：えー、でも、フィバ研キットの解説によれば、「THEいいひと人間」、**温厚タイプ**。これは、肯定的にとらえていいのでしょうか。「このタイプの人間ばかりが集まると物事が進みにくい」とも書いてありますが。
日置：バランスがいい人ばかりだと、視点があっちこっちには行かなくて、案外面白くない結果に落ち着く。物事を動かすには、いろんな人がいたほうがいいというお話ですね。

相談者と近づきすぎて、家族みたいになってしまう

日置：では、バランスの悪い人をみてみましょうか？
さわ：はいっ！ 私ですね。**おせっかいタイプ**。第五要素ですか、感情情緒のところが突出している。確かに、俯瞰するということができなくて、突っ走って失敗するところがあります。相談者と近づきすぎて、家族みたいになってしまって、もともと家族だからこそ言えない悩みをきいていたのに、結局私にも相談してくれなくなって、というようなこともありました。ほんと、当たっていますね。
朝比奈：さわがみさんは、人間に対する興味がすごくあるのかなあと思います。情緒で人に引っ張られているというよりも、興味で人に引っ張られているというか。
日置：特定の個人というよりも、人というものに対する興味で動かされている感じがしますね。それが相談者であれ、支援者であれ。
朝比奈：ええ。おせっかいタイプという括りには収まりきらないと思います。例えば、社会との接点が極めて少ない人のなかに、おせっかい系特有の「ぐいぐいくる人」が苦手な人もいるわけですけど、さわがみさんの場合は、そういう人にも、対応できそうな気がします。なぜか、そういう気がします。
たか：さわがみさん自身が、おせっかい系のキャラクターを認識していて、状況に合わせておせっかい度を調整してい

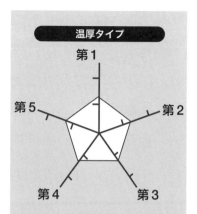

●フィバ研傾向分析
突出して高いリスクがなく、全体的に数値として3程度／THEいい人人間／今の社会に適応しやすい／わりと生きやすい／このタイプの人間ばかりが集まると物事が進みにくい。

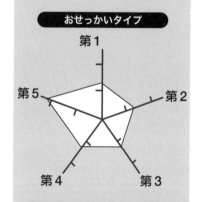

●フィバ研傾向分析
内省的リスクが高い／情緒豊かだが、ついつい感情的になってしまいがちになる／不適応行動としておしゃべりや暴力、やつあたりをしてしまう傾向がある。

るということではないでしょうか。

日置：なるほど、チューニング機能付きのおせっかいですね？！　それは面白い。前面に出ているのに、出しゃばらない。ぐいぐいじゃない。

さわ：出しゃばらないし、ぐいぐいもいけない。今日はここまでは行きたいというのがあると、「同じ方向をみるバージョン」とか、「しっかり向き合うバージョン」とか事前にイメージを固めて相談に臨むこともあるのですが、気がつくと相談者と一緒に悩んだりしています。

日置：じゃあ、やっぱり、自分を知っていて調節できるということを大事にしているんですね。

こだわりが強いというのは嫌だけど、実際はそうなんです

日置：さて、さわがみさんの話をもっと続けたいのですが、時間に限りもあるので、ぷんあんさんの傾向をみましょうか。

ぷん：私のは、**過敏タイプ**と**いい子タイプ**を合わせた感じですね。

日置：何でもありだけど、内的に譲れないものがある。このチャートを単純にみるとそうみえますね。自分ではどうですか。

ぷん：こだわりが強いというのは、多分そうです。実は、このフィバ研キットの質問全般にわたって、「こうありたくないけど、実際はそうだよな」というものが多くて。だから、「正直に書かなきゃ」って思い聞かせるように答えてました。空気を読めない人が苦手という人物像も、嫌なんですけど、でも実際はそうなんだと思います。周りを気にするというのも、嫌なんですけど、やっぱりそうで、数値が高く出ています。

日置：周りを気にするというのは、どこかで身につけたものですか？

ぷん：幼い頃から気にはしていたと思います。気にはしてい

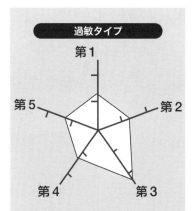

●フィバ研傾向分析
　受容性リスクが高い／なんでも受け入れるのが難しく、結構生きにくい／こだわりが強い／頑固／考えているより身近に多い／不適応行動としてうつやひきこもりになりやすい。

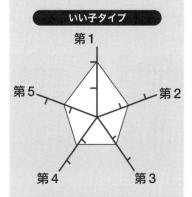

●フィバ研傾向分析
　主体性リスクが高い／まわりを気にして、ついついいい子を演じてしまう／不適応行動としてリストカットや、かまってほしいアピール、自慢アピールをする。

ても、実際は適応できていなかった感じです。だから、ボクは小さい頃、「出しゃばり」と言われることがあったんですけど、単に空気が読めなかっただけのような気がします。

朝比奈：常に2つの視点というか、「本当はきっとこうなんだろうな」という冷めた目があるという印象ですね。

ぷん：そうですね。常にこうありたいというのはあります。だけど、そこに自分は到達していない。それでも、「なんかしゃーないな」というように思えるようにはなってきましたね。年々。

日置：それは歳ですね（笑）でも、ぷんあんさんは、「こうありたい」が自分にはあるんだけど、他者にはないですよね。「こうあってくれ」というのを人に押しつけないというか。

ぷん：ボクは典型的な内弁慶なんです。距離が近くなると、押しつけたくなるんです。距離が遠い場合は、自分と違うことをされても全く気にならないんですけど。

朝比奈：相談の現場でも、相手との距離が近くなると、自分の嫌な面が出てきてしまうということですか。

ぷん：そうですね。

日置：相談において、そういうエピソードはありますか。先ほどのさわがみさんの話ではないですが、距離が近寄りすぎて、穴に落ちたというような。

ぷん：そうですね。価値観が強く出てしまうことはあります。「よりそい」は、けっこう難しくて、**2番はいいけど、1番の飛び込みだと**、つらそうな話とかされても、きちんと聞くのが難しかったりします。

日置：「外国人」じゃないと、モードが変わってしまうということでしょうか。

ぷん：最初にどっちかに、分けてしまうところがあるのだと思います。

日置：さわがみさんはどうですか

さわ：私の場合は、8番でも1番でも分けないです。みんな、地震が来れば、いつでも被災者になりうる人たちですから。

2番はいいけど、1番の飛び込みだと
　番号は、よりそいホットラインの相談ラインの種別を示します。2番は外国人ライン。1番は何でも相談ライン。

8番
　よりそいホットラインの8番

一同：えらい！
ふじ：でも、ぷんあんさんのは、「こだわり」とはちょっと違う、もっと何か譲れないもの、それが何かはわからないんですけど、そういうものが根底にあって、こだわりとは少し違う気がします。
たか：そう、「こだわり」というよりも「信念」のようなものを感じますよね。
日置：うーん。「こだわり」と「信念」。何が違うんでしょう？
たか：さあ、なんでしょうね？
ふじ：うーん…
朝比奈：「こだわり」というと自認ができていない感じがしますが、でも、ぷんあんさんの場合は、意思をもってこだわっているというか、こだわりに支配されていない気がする。そういうことかしら？
日置：なるほど、信念の場合は、主導権が自分にあるということですか。すると、それはソーシャルな視点ですね。個人的な何かではなく、社会的な何か。私は、今回、第2章の執筆を担当したのですが、事例の解説を書いていて気づいたことがあります。個人的な見解にとらわれると「ありがちさん」になるし、そこから社会性が出てくると「なるほどさん」になる。人間一人ひとりの問題であれば、個人の問題で構わないと思いますが、相談ということになると、個人の問題から、どう社会的要素につなげていくかがカギになると思いました。
朝比奈：うんうん。だとすると、これからぷんあんさんは、相談員として、自分のなかにある譲れない何かについて、説明しきれなくてもいいけど、説明できるよう向き合っていく必要があるかもしれないですね。
ぷん：なるほど。
日置：さて、ソーシャルな話題にまとまったところで、そろそろ次の人にいきましょう。

ライン。被災者で困っている人を対象としています。

苦手な相談、それは恋愛相談です

日置：私のチャートは数値が1か2ばかりで、面白くないので、他の人がいいですよね。あっ、でも、たかはしさんも私と似ていてつまらなそう。ふじわらさんのほうが、面白そうですね。

ふじ：いや、そうでもないです（笑）私は、むしろたかはしさんのほうが気になります。リアクションが薄すぎます（笑）

さわ：うん。無色透明。

朝比奈：確かに、えっ、何で？　という感じの反応の薄さですね。

日置：何で？　と聞かれても、答えるのは難しいですよね。私も同じタイプだから、人によく言われますが、「そうだから、そう」としか言えないですよね。でも、たかはしさんは、私よりは情緒豊かのようです。

たか：それは、そうですよ。日置さんは、さっぱりし過ぎですから。

一同：（笑）

日置：それより、たかはしさん、特定の苦手な種類の相談がありましたよね？

たか：ああ、恋愛相談です。私は、これが苦手です。全く興味が持てない。

ぷん：うんうん。私も、興味が持てないです。

朝比奈：私は、「ほらっ。私って○○じゃないですか？」というタイプの人からの相談が苦手です。

一同：あーっ、いますね。

たか：私も嫌いです。何を期待されているのかわからない。あなたと話したの初めてなのに、何でそんな言い方するのかって、頭がぐるぐるしてしまう。

さわ：どこに電話をおかけですかって、感じですよね。

朝比奈：私は、「絶対に答えてやるもんかっ」と思ってしまうくらい嫌いで、できるだけ冷めた対応をして、相手にそれが伝わるようにする。

日置：ふーん。みなさんそうなんですね。私の場合は、逆に興味が湧いてきます。何でそんな言い方するんだろうと思って、その理由を聞きたくなります。でも、聞いても、話してくれないので、結局相談が早く終わってしまうのですけど。ははっ。結果オーライ？！

一同：なるほど〜。

朝比奈：そう言えば、たかはしさんは、前にもフィバ研キットを試したことがあるんですよね。前と比べてどうですか。

たか：どうでしょうか。日置さん、前の記録は残っていますか。

日置：記録は残っていませんが、記憶には残っています。あまり変わってない気がします。

朝比奈：では、質問を変えます。よりそいの相談をするようになって、何か変わったということはありませんか。

たか：「よりそい」というか、父親が死んだときに、何でも起こりうるんだなというようなことを思って、変わった気がします。

日置：それこそ、当事者性ですね。

100％、感性で相談をしています

日置：そろそろ、時間もなくなってきましたので、最後にふじわらさんの話題に行きましょう。確か、ふじわらさんも、フィバ研キット経験者ですよね。

ふじ：私は、4年くらい前にやったことがあります。「よりそい」を始めてから、いろいろ変わったと思っていたのですが、実はあんまり変わっていなかったかも。でも、**第三要素**のところは、変わったかな。

日置：そういえば、この前、みんなで集まったときに、「こんな自分でもよかった。人と違っててもいいんだって思えるようになった」というようなことを語っていたよね。

ふじ：ええ。私は、もともと自分のことを変わっているとは思っていなかったのですが、そう言われてきました。

第三要素
　受容性について考える項目。フィバ研キットの解説では、「価値観や考え方、事実や状態などについて「こっちの方がいい」「よりこちらの方が正しい」「これは嫌だ」「どっちでもいいや」などとそうした多様性を受容し、肯

ぷん：ボクには「変わっている」と言われるという状況が、よくわからない。それほど、ふじわらさんは変わっていないと思うのです。

一同：うんうん。

ぷん：それに、普通、そう思ったとしても言わないでしょう。

一同：うんうん。

朝比奈：ところで、「変わっている」と、誰に言われるの？

ふじ：前の同僚とか、よりそいの相談員とか。「変わってるね」と言われますよ。

ぷん：それで、どこが変わっていると言われるわけですか？

ふじ：さあ。

一同：・・・

ふじ：私が「へーっ」て感じの返しをするので、相手もそれ以上は突っ込んではこないです。

ぷん：ひょっとしたら、その反応は変わっているかもしれない。普通は、どこが変わっているか気になって、問い質すと思う。

日置：確かに、そこは、少し人と違うかもしれないですね。理由を聞かないのは、相手に興味がないからでしょうか。相手も、反論が来ると思って構えていると思う。だけど、何も返ってこない。

ふじ：確かに関心はありません。変な人が多いので（笑）

朝比奈：それは、ふじわらさんが「変わっていない」という話かもしれないですね。マイナスのマイナスは、プラスという話のような。

日置：あるいは、ふじわらさんには、「変わっている人」たちの何かをくすぐったり、脅かすところがあるのかもしれない。だから攻撃をしてくるのだけど、ふじわらさんは、相手にしない。ふじわらさんは、依存されないタイプですよね。

ふじ：されないですね。

日置：私は依存されないことには絶対の自信があって、依存度の高い人に、「あんたにだけは依存できない」って言われ

定的に受け入れることができるのか、多様な物ごとへの柔軟な受容を考えるヒントになります」と記しています。また、「この点が高い人は自分の感性と異なるものに対する違和感が高く、（中略）逆に低い人は柔軟である一方で、のらりくらりといい加減に見えたり、やる気がないように思われたりするかもしれません」とされています。

たことがある。でも、ふじわらさんの場合は、私と違って、**情緒が豊か**ですね。

ふじ：ええ、確かにそのあたりが安心されて、変な人をひきつけてしまうのかもしれません。

日置：依存はされにくいけど、ひきつけてしまう。ひきつけてしまうけど、依存されない。なるほど。ふじわらさんは、感性で相談をするタイプでしょうか？

ふじ：そう思います。私は100％感性で相談をしていると思っています。感性、直感で相談をしています。

朝比奈：でも、あまり、感情的にはならないんですよね。

ふじ：感情的というか、怒っていても、「ああ、今、私は怒っているな」と、いつも自分を俯瞰しているような感じになります。

一同：それはすごい。

ぷん：それは、小さい頃からですか？　相談を始めてから身につけたものですか。

ふじ：昔からです。だから、特別なことだとは思っていませんでした。みんな普通にできるものだと…。よりそいを始めてから、どうもこれは、特殊なことらしいと気づき始めました。

朝比奈：それは演技とは、別ものなんですよね？

ふじ：演技とは違って、反射神経みたいなものです。特に意識しないでやっています。

朝比奈：ということは、相談も素でやっているということですよね。私の場合は、普段プライベートではテンションがそれほど高くなくて、相談の現場で感情を確かめているようなところがあります。この人となら一緒に怒れる、悩めると、思いを相談者に乗せているところがあります。

日置：たかはしさんも演じることがありますよね。子ども相手に、あえて怒ってみせている姿をみたことがありますが、あれは演じていたのですよね。

たか：そうですね。そのほうがいいかなと思って、あえて怒っ

情緒が豊か

フィバ研キットの「第五要素」の数値が、最も高く出ていることを踏まえた発言。この項目は、自分の姿や行動や特性をちょっと高いところから俯瞰したり、振り返る際に、感情がどれだけ影響を与え得るかを考えるヒントになる項目とされています。

たりすることはあります。

日置：やっぱり、私より感性が豊かですね。前に、中学生との活動場面で感動して言葉に詰まったこともありましたよね。

たか：だから、日置さんほど、さっぱりしていませんから。

ぷん：私の場合は人によって分かれます。素が出たり、演じたり。

朝比奈：使い分けができるんですか？　私は、できないです。プライベート、素の自分の中に、誰にも入ってきてほしくない場所があって、それは出せない。だから、パブリックでは演じる。鮮やかにします。

日置：だからこそ、仕事が楽しい？

朝比奈：はい。そうかもしれません。

日置：私はプライベートとパブリックで、変わるということはないです。常にパブリックです。

さわ：私もあまり変わらないですね。

「うちには家庭がない」と子どもに嘆かれます

ぷん：えっ、日置さん！？　常にパブリックと言いましたよね。それは、すごい！！　常にプライベートというのは聞いたことがありますが、その逆はない。

朝比奈：うん。何で、そんなふうに思えるんだろう？

日置：小さい頃から、家に知らない人がごろごろいたからかもしれません。両親(特に父親)が、いつも知らない人や近所の子どもなどを家に連れて来ていて。そして、気づけば私も同じ。だから、子どもから、「うちには家庭がない」と嘆かれます。

さわ：うちにも、やっぱり知らない人が常にごろごろいますよ。

一同：・・・

日置：さて、なかなか話がまとまりませんが、時間になりましたので、本日はここでお開きです。しかし、これだけまとまっていない話を本に載せるのはたいへんですね、編集さん。

編　：大丈夫です。私も第五要素のところの数値が低くて、あまり動揺しないタイプです。でも、「まとめ」までたどりついていないので、みなさんには、本日の気づき、学びをレポートで提出してもらいます。よろしくお願いします。

日置：ええっ！

後日談　さわがみさん & ぷんあんさん

さわがみさん

　参加者一人ひとりの相談現場での仕事に対する根っこのようなものが見えました。同じチャートの形の人はいなくて、みんなタイプもさまざまですが、同じ現場で仕事しているんだなーと単純に思いました。そこが「よりそい」のよいところなのかもしれません。
　私は、おせっかいタイプ。こわいくらいあっさり見抜かれました。年齢的にも追いついてきた感じで、自分自身がとても楽だなと思えるスタイルです。
　いつも相談現場では、相談員の意識を統一するため会議などを行ってきましたが、相談員個人のことは深めてきませんでした。今回の自己分析をしてみて、相談内容をあれこれ話し合う事例検討と同じくらい、相談員個人をあれこれと振り返ることの大切さを実践して理解しました。フィバ研キットで自分の特性を知り、その結果をネタにみんなで話し合うことは、実はこもった空気の相談現場を風通しよくしてくれるのではないかと思います。

ぷんあんさん

　レーダーチャートの結果は、自分自身が持っていたイメージとある程度重なっていましたが、ほかの参加者の人たちの自己分析や、私に対する評価には、新しい発見がたくさんありました。特にほかの人が皆、私よりもチャートが小さいことが意外でした。裏を返すと、他者に対するイメージが知らずに固定観念化していたようです。
　自分の結果や座談会で出た意見をどう受けとめるかを振り返ることで、自分の傾向をいっそう具体的に意識できました。例えば「こだわり」に「信念」があると言われたことを「うれしい」と感じた点は、第一要素(主体性)が高い点につながりますし、自分の結果で第二要素(多様性)が低く出たことに少し安堵感を持ったことは、第三要素(受容性)と関連すると思いました。今後はこうしたいと自分の課題を考えるのに大変役立ちます。

後日談　たかはしさん&ふじわらさん

時間が足りなかったです（笑）

　自分も含め各人が「おおっ、かなり人物像に迫って来たぞ〜」と思ったところで次の人だったので、全員が少し心残りがあったと思いますが、ほかの人の自己分析を聞いて、その人が持っている印象が変わったり、さらに深く理解できることを実感。自分のフィバ研キットの結果は面白みがないものでしたが、他人から自分のどの部分をみられているのか、また、自分は他人のどの部分に注目してその人をとらえるのか、少しわかりました。特に電話相談だと、音声のみのやり取りで、自分が特に注目する「人の振る舞いや雰囲気」がわからないので、内容はもちろん、声のトーンなど、感じた印象はフィードバックして丁寧に伝えたいと思ったのでした。

たかはしさん

　ツールを用いての振り返りは何回やっても面白いのですが、一人で振り返るよりも、それをもとに他者からフィードバックを受けることの面白さを実感しました。自分自身で気づいていなかったところを分析してもらえたことで、視野が広がった気がします。

　さまざまなバックグラウンドを持つ人との「対話」による自己分析がこんなに面白いと感じたのは、これまでの関係性で皆さんのことがなんとなく理解できているからだと思います。安心して自己開示できる関係性を持つことや、その環境を整えるためにはどうすればよいかがポイントにもなるのかな？　と思いました。

　相談者もきっとこんな思いをしているのかな？　自分自身を知り、環境作り、関係性作りをさらに意識していきたいと思います。

ふじわらさん

まとめ（振り返り）

朝比奈ミカ こうしたツールは、一緒に仕事をしている仲間に対して漠然と持っていた印象を言葉にして深めるのに役立つなと感じました。

　時間があればもっと深まったし、展開も違ったものになっていたかもしれない。という意味では、人の評価は常にその時点のものでしかないということですね。加えて、職員間の振り返りは、チームワークの状態を評価したり、高めたりすることにも役立つなと思いました。

日置 真世 フィバ研キットを数年前に開発はしてみたものの、その後の活用については深まっていなかったので、今回の座談会は活用の可能性に手応えを感じました。私たちは数値化＝評価という発想になりがちな傾向がありますが、ある指標を手掛かりに非審判的態度で対話をする練習として役立ちそうです。また、支援者が自分を客観視することは大事だとは知りながらも、直視することがつらいこともありますが、キットを介すことで占いや遊び感覚で取り組めるのも魅力かと思います。

　今回は支援者同士での討論の場でしたが、支援を受ける側のグループ活動に取り入れることもできますし、私の一押しは支援する側とされる側が一緒にお互いをフィードバックする活用法です。困窮者支援は社会的な課題をともに解決する協働者としての関係性の構築が重要です。従来の支援という関係性から一歩出て、お互いを知り合い、「同盟関係」を作るきっかけになればうれしいです。

資 料

フィバ研キット

　人とうまく関わるためには、自分をよく理解することはもちろん、多様な他者を理解するということが大切です。ところが、「自分を理解する」「多様な他者を理解する」「協働的な対話をする」というのは、それほど簡単なことではありません。何をどうすればよいのかわからない、という人も多いのではないでしょうか。

　そこで、一度お試しいただきたいのが、次ページ以降に掲載する「フィバ研キットver.1」です。

　これは、「生活困窮者の「当事者参画型自立促進体制」構築事業」（厚生労働省平成24年度セーフティネット支援対策等事業費補助金（社会福祉推進事業））のモデル実践として、「フィードバック研究会」が開発途中のツールで、①主体性阻害リスク、②多様性阻害リスク、③受容性阻害リスク、④対等性阻害リスク、⑤内省的阻害リスクの5つの対人要素について、それぞれの強弱を5点満点で評価します。

　単に自分で自分の傾向を点数化することが目的ではなく、他者からみた自分、自分からみた他者の傾向をフィードバックし合い、価値観のずれを知ったり、すり合わせたりすることで、多様な他者との協働的な対話や、相互理解を促進するツールです。

＜フィバ研キットver.1＞（解説書・要約）

❶活用方法

　5分野×6問＝30問の「設問用紙」に回答し、その結果についておしゃべりをすることにより以下のようなフィードバック活動が可能になります。また、さらにフィードバックの結果から新たな「仮説」や「理論」を見つけることもできます。

① 自分回答の分析シートからのフィードバック
② 他者（自分のことをよく知っている人）回答の比較分析シートからのフィードバック
③ いろいろな人と分析シートを比較するフィードバック

❷キットの説明と主な手順

① 解説書を読んで、全体像をつかみます
② 設問用紙に沿って、回答をします
③ 回答結果を他の人とフィードバックします
④ 自分のことを知っている人に「自分のことについて」設問に答えてもらい、点数化します
⑤ 自分の回答と他者の回答を比較してフィードバックします
⑥ フィードバック結果を議論して気付いた共通点などを「仮説」として整理し、提案したり、さらに議論を深めたりします

❸設問に答える際の留意点

① **自分自身のことについて設問に答える際の留意点**
・「良い」「悪い」を評価するものではありません。人によって、ついつい「どっちの方がいいのか？」「よく見られたい」などというフィルターを通して答えようとしてしまうことがありますが、それは極力意識して避け、ありのまま、正直に、率直に本来の自分の姿を見つめて答えてみましょう。普段から自分を冷静に見られない、不全感が強い、いいふりをしてしまう傾向にある人はちょっと気をつけてください。
・自分の回答をするときには自分のことを知っている人からの意見やアドバイスなどは求めずに、自分自身だけで判断をしましょう。

② **他の人のことについて設問に答える際の留意点**
・その人自身がどう答えるかを「予測して」当てるものではありません。その人自身の普段

の行動や関わりから、「あなたからはどう見えるか?」「あなたがその人のことを見てどう感じるか?」という視点で答えてください。
- ただし、何となくの印象ではなく具体的な言動やエピソードを思い浮かべて判断してみてください。あくまでも他者としての目線や発想から見えること、感じること、考えることで回答をしてみてください。

❹ 5つの要素

創造的に社会とかかわるための活動にポイントとなる対人要素として、「主体性」「多様性」「内省的」「対等性」「受容性」の5つがこれまでの調査研究の中で明らかになってきました。それぞれの要素について阻害要因の強弱を点数化してみる方法をとっています。

【第一要素】人の評価を気にするか、自分を信じるか

→「主体性」について考える項目です

この要素は「自分らしくいられるか」「周囲の期待する自分でいようとするか」「周囲に合わせて自分をコントロールするか」など、自分の意志や意向が発揮されているかどうかについて考えるヒントになります。

この要素の点が高い人は周囲の期待に応えるように「いい子」でいる傾向があるかもしれませんし、低い人は「自分」のカラーが前面に出る人である傾向があると思います。

【第二要素】みんなと一緒でいたいか、違っていても構わない、むしろその方がいいか

→「多様性」について考える項目です

この要素は多様な価値観や考え方、事実や状態などについて「それもありだな」と考えるのか、「信じられない!」と思ってしまうのかなど、多様な物ごとの受けとめ方について考えるヒントになります。

この点が高い人は多様なもの、ちょっと変わったものに対する抵抗感が高く、同調することが得意である傾向があると思います。流行や雰囲気を大事にするようなところがあるかもしれません。逆に低い人は異質な物ごとに対する抵抗感が少なく、むしろ違いを楽しめる傾向があると思います。

【第三要素】理想を追い求めるか、現実を受け入れるか

→「受容性」について考える項目です

この要素は多様な価値観や考え方、事実や状態などについて「こっちの方が良い」「よりこちらの方が正しい」「これは嫌だ」「どっちでもいいや」などとそうした多様性を受容し、肯定的に受け入れることができるのか、多様な物ごとへの柔軟な受容を考えるヒントになります。

　この点が高い人は自分の感性と異なるものに対する違和感が高く、過敏な傾向があると思います。人の好き嫌いもはっきりとしていて、新しい環境にも弱いこともあるかもしれません。逆に低い人は柔軟である一方で、のらりくらりといい加減に見えたり、やる気がないように思われたりするかもしれません。

【第四要素】社会的役割や規範を重んじるか、その場の必要性や妥当性で判断するか
→「対等性」について考える項目です

　この要素は一般的な社会的な役割や規範の意識をどれだけ取り込んでいるのか、影響を受けているのかの規範意識が自分の行動に与える影響について考えるヒントになります。

　この点が高い人は、「○○は○○らしく」といったような一般的な規範意識を素直に受け止め、それを自然のうちに言動に反映していることが多い傾向があると思います。また、与えられたルールにあまり疑問を抱かないかもしれません。逆に低い人は規制や規定されることに敏感で「どうして？」と立ち止まって考える傾向があると思います。

【第五要素】情緒豊かで感情が行動に影響するか、理屈や理論を優先するか
→「内省的」（客観視）について考える項目です

　この要素は自分の姿や行動や特性をちょっと高いところから俯瞰する、振り返る際に、感情がどれだけ影響を与えうるかを考えるヒントになります。客観的な視点で物事を見られるか、主観的な視点で見てしまうのか？と言い換えることもできます。

　この点が高い人は、情緒豊かで感情が先行することが多いかもしれません。また、物ごとを客観的に捉えるよりも、主観的な視点が多い人であろうと推測されます。低い人は冷静で感情に左右されない人である傾向があるかもしれません。

＜設問用紙＞

　以下の30の質問に(5とてもそう思う　4そう思う　3少しそう思う　2あまり思わない　1まったく思わない)の五段階で答えてください。

【第一要素】人の評価を気にするか、自分を信じるか

1　できることを褒められると嬉しくなる
　（状況によって異なる場合があるとは思いますが、おおむね「他の人から褒められること」を単純に受け入れて、嬉しくなるかどうかで判断します）

2　場をわきまえてしまう、空気を読んでそれに沿って行動してしまう
　（場や空気を読めるかどうかを質問しているわけではありません。読んだ上でそれに沿ったり、わきまえたり行動に反映してしまうかどうかで判断します）

3　自分の意見に賛成を得られないと不安になる
　（否定されて嫌な気持ちがしたりすることではありません。他の人の反応が気になったりして不安になるかどうかがポイントです）

4　自分が周りにどう思われているかが気になる

5　自分の関心のあることに興味を持ってもらえないと悲しい
　（自分の興味関心を人に分かってほしいかどうかを質問しているわけではありません。共感をされないと、「悲しくなる」「寂しい気がする」かどうかがポイントです）

6　3人グループで自分以外の2人の方が仲良くみえると気になったり不安になったりする

【第二要素】みんなと一緒でいたいか、違っていても構わない、むしろその方がいいか

7　周囲に合わせて行動したほうが楽、もしくは自然なことが多い
　（合わせられるかどうかを質問しているわけではありません。気付いたら合わせてしまっている、あるいは合わせている方が自分として自然かどうかで判断します）

8　他の人の恋バナや噂話、陰口のいずれかで盛り上がるのは楽しい
　（自分の恋愛について、人との関わりの愚痴などを話したいかどうかではありません。どちらかというと、他の人から発信される話題にのって楽しめるかどうかで判断します）

9　「ふつうは〜だよね」「〜は当たり前だよね」という表現や発想に触れても抵抗感は感じない

10　人と関わる際に共通点や似通った部分を見出すことで安心する

（共通点を見つけられるかどうかを質問しているわけではありません。見つけることが安心につながるかどうかで判断します）

11　有名人ならとりあえず会ってみたいと思う、あるいは騒いだり、興奮したりする

12　空気を読めない人が嫌、苦手

（よく知っている人への評価ではなく、初対面の人やよく知らない人に出会ったときの気持ちで考えてみてください）

【第三要素】理想を追い求めるか、現実を受け入れるか

13　ああいうふうになりたいという理想の人がいる、人物像がある

（人数は問いません）

14　失敗や成功などの結果を気にする

15　いつまでもくよくよする

16　卑屈になることがある

（「どうせ、私なんて」と思ってしまったり、言いたくなったりすることがある）

17　他人に対していったん、「嫌な奴」と思うとなかなかその評価が変わらない

18　他人に対していったん、「すごい人！」と思うとその印象が残る

【第四要素】社会的役割や規範を重んじるか、その場の必要性や妥当性で判断するか

19　先輩や目上の人には気を遣うべきだと思う

（実際に気を遣うかどうかを質問しているわけではありません。「そうするべきである」という意識があるかどうかで判断します）

20　家族だったら仲良く助け合う方がよいと思う

（自分の家族が仲良いかどうか、または仲が良い方がいいかをイメージするのではなく、一般論として家族なんだからいう基準があるかどうかで判断します）

21　○○（女・男・大人・立場）らしく、ふるまわなくてはならないと思う

22　校則や制服の存在にあまり疑問を持たない

23　肩書きや資格、職歴や学歴を重んじる

24　障がい者やお年寄り・子どもには優しくしようと思う

（実際に優しくしているかどうかを質問しているわけではありません。社会的弱者に対して優しくすることがいいことだという規範があるかどうかで判断します）

【第五要素】情緒豊かで感情が行動に影響するか、理屈や理論を優先するか

25　落ち込んでいる人を見るとなんとかしてあげたいと思う

　（実際に世話焼きかどうかを質問しているわけではありません。同情的になったり、心配
　したりされたりするやりとりはが自然だと思うかどうかで判断します）

26　虐待のニュースを見て虐待をした親に怒りがわいたり、子どもがかわいそうに思った
　り感情移入してしまう

27　もらい泣きをする

28　ありがとうと言われると頑張れる

29　一生懸命、精いっぱい気持ちを尽くせば、人は必ず分かり合えると思う

30　理屈で物事を考える人や完璧すぎる人は苦手

＜回答用紙＞

	1	2	3	4	5	6	小計	平均
第1要素								
	7	8	9	10	11	12	小計	平均
第2要素								
	13	14	15	16	17	18	小計	平均
第3要素								
	19	20	21	22	23	24	小計	平均
第4要素								
	25	26	27	28	29	30	小計	平均
第5要素								

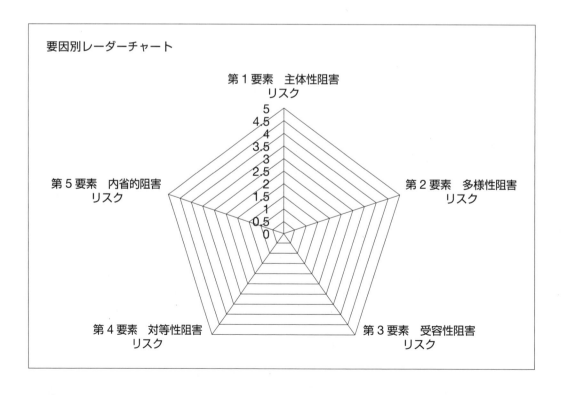

要因別レーダーチャート

＜監修者紹介＞

一般社団法人社会的包摂サポートセンター

　東日本大震災等の影響により様々な困難を抱えながら支援に辿り着けずにいる人や、社会的に排除されがちな人(生活困窮者、高齢者、外国人、セクシュアルマイノリティ、DV・性暴力被害者、障がい者、ホームレス、多重債務者、ひとり親世帯など)への多角的な支援事業等を通して、誰もが「居場所」や「出番」を実感できる社会の実現に向けた活動を幅広く行っている。2011年10月から、法人独自事業として、被災3県を対象とした24時間対応の何でも相談(よりそいホットライン)をスタートし、2012年3月から、国の補助事業として実施している。

＜編著者紹介＞

朝比奈ミカ（あさひな・みか）

第1章、第2章(お悩み相談、コラム)、第4章

　東京都社会福祉協議会での勤務をへて、2004年から中核地域生活支援センターがじゅまるセンター長に就任。「ひと・くらしサポートネットちば」の共同代表、よりそいホットライン企画委員を務める傍ら、2015年からは生活困窮者自立相談支援事業「市川市生活サポートセンターそら(so-ra)」の主任相談支援員も兼務。主な著書(共著)に『障害者本人中心の相談支援とサービス等利用計画ハンドブック』(ミネルヴァ書房、2013年)がある。

日置真世（ひおき・まさよ）

第2章、第3章、第4章

　1994年、長女の障がいをきっかけに親の会活動に出会い、2000年に地元釧路でNPO法人地域生活支援ネットワークサロンを立ち上げる。地域課題に市民が主役となって取り組む場づくりを通じて、子ども家庭支援、障がい児・者の支援、就労困難な若者の支援など、事業の企画・コーディネート役として実践を積む。2008年、北海道大学子ども発達臨床研究センターの助手へ転職。同年より、札幌市スクールソーシャルワーカーとして従事。2011年北海道大学の任期終了後はフリーで全国の支援現場の人材育成や地域づくりの応援をしている。現在、札幌市のスクールソーシャルワーカー、北海道自立支援協議会人材育成部会部会長、北海道青少年健全育成審議会委員、日本福祉大学アジア福祉社会開発研究センター客員研究所員等を務める。主な著書に『日置真世のおいしい地域づくりのためのレシピ50』(全国コミュニティライフサポートセンター、2009年)がある。

ここで差がつく　生活困窮者の相談支援
経験を学びに変える「5つの問いかけ」

2016年10月15日発行

監　　修	一般社団法人社会的包摂サポートセンター
編　　著	朝比奈ミカ・日置真世
発 行 者	荘村明彦
発 行 所	中央法規出版株式会社
	〒110-0016　東京都台東区台東3-29-1　中央法規ビル
	営　　業　TEL 03-3834-5817　FAX 03-3837-8037
	書店窓口　TEL 03-3834-5815　FAX 03-3837-8035
	編　　集　TEL 03-3834-5812　FAX 03-3837-8032
	http://www.chuohoki.co.jp/
装幀・本文デザイン	株式会社タクトデザイン事務所
印刷・製本	株式会社太洋社

ISBN978-4-8058-5410-5
定価はカバーに表示してあります。

- ●本書のコピー、スキャン、デジタル化等の無断複製は、著作権法上での例外を除き禁じられています。また、本書を代行業者等の第三者に依頼してコピー、スキャン、デジタル化することは、たとえ個人や家庭内での利用であっても著作権法違反です。
- ●落丁本・乱丁本はお取り換えいたします。